MIX
Papier aus verantwortungsvollen Quellen
FSC® C043106

Umschlagillustration: Herdis Albrecht
Illustrationen: Herdis Albrecht
Text: Julia Boehme, Hanna Sörensen
Redaktion: Maya Geis
Gestaltung und Herstellung: Derya Yildirim
Lithografie: Margit Dittes, Hamburg
ISBN: 978-3-551-51195-9

www.carlsen.de
www.conni.de

Meine Freundin Conni

Das große Conni-Buch für die Weihnachtszeit

Mit Geschichten von Julia Boehme

plus Spiele-Extra für den Advent

CARLSEN

Inhaltsverzeichnis

Inhaltsverzeichnis

Eine Art Adventskalender

Jetzt beginnt die schönste Zeit des Jahres!
Wie das duftet! Anna, Billi und ich haben gerade Kekse gebacken.
Das erste Blech ist schon im Ofen und ich kann's kaum erwarten, bis sie fertig sind!
Ein Advent ohne Keksebacken ist kein Advent, finde ich.
Aber auch ein Adventskranz gehört dazu, genauso wie Bratäpfel und Spekulatius, heißer Kakao bei gemütlichen Schmökerstunden, Kerzen und Tannenzweige und überhaupt jede Menge Weihnachtsdeko. Und natürlich nicht zu vergessen: ein Adventskalender!
Dieses Buch ist übrigens auch so eine Art Adventskalender: Denn zu jedem Tag habe ich mir etwas für dich ausgedacht und ich hoffe, du hast genauso viel Spaß wie ich dabei. Für mich ist die Adventszeit nämlich mindestens so schön wie Weihnachten. Doch am allerschönsten ist es natürlich, zusammen zu feiern, oder?
Also, wie wär's? Lass uns die Adventszeit gemeinsam erleben!
Ich freue mich!
Deine Conni

Advent

Was feiern wir Weihnachten?

Ja, was feiern wir Weihnachten eigentlich?
Weihnachten feiern wir Geburtstag!
Den Geburtstag von Jesus Christus. Einen Geburtstag
also, der schon mehr als 2000 Jahre her ist.
Für Christen ist das ein ganz wichtiges Fest.
Denn sie glauben, dass Jesus Gottes Sohn ist.
Kennst du die Geschichte, wie Jesus geboren wurde?
In einem Stall?
In diesem Buch findest du sie noch einmal.
Schau einfach auf Seite 128 nach!

Es ist so weit: Der Advent beginnt! Das werden jetzt ganz wundervolle Tage bis Weihnachten. Schade nur, dass es bloß vier Wochen dauert. Von mir aus könnte das ganze Jahr über Advent sein. Na ja, fast …

Advent, Advent

Die Adventszeit dauert etwa vier Wochen. Der 1. Advent ist immer ein Sonntag, mal Ende November, mal Anfang Dezember. Ihm folgen drei weitere Sonntage: der 2., der 3. und der 4. Advent – und dann ist Weihnachten!

Das Wort „Advent" kommt von „adventus Domini". Das ist Latein und heißt „Ankunft des Herrn". Im Advent bereiten sich die Christen also auf die Geburt von Jesus Christus vor.

Advent, Advent,
ein Lichtlein brennt.
Erst eins, dann zwei,
dann drei, dann vier,
dann steht das Christkind vor der Tür.

überliefert

In der Adventszeit gibt es so viel Schönes zu tun! Du kannst Plätzchen backen, Weihnachtsmärkte besuchen, Spekulatius und Lebkuchen essen, Julklapp machen, Adventskränze basteln und beim Krippenspiel mitspielen. Und vom 1. bis zum 24. Dezember darfst du jeden Tag ein Türchen an deinem Adventskalender öffnen. Was fällt dir noch alles zur Adventszeit ein?

Hier ist gleich das ganze Haus ein Adventskalender.

Lackiere Walnüsse oder Haselnüsse mit Goldfarbe. Ist die Farbe getrocknet, kannst du die Nüsse als Deko auf die Fensterbank, in eine Obstschale oder auf deinen Schreibtisch legen. Sieht das nicht festlich aus?

Im Adventskalender wartet jeden Tag eine kleine Überraschung auf dich.

Du magst rote Schleifen an deinem Adventskranz? Und Sterne, Zimtstangen oder kleine Weihnachtskugeln dürfen auch nicht fehlen? Kein Problem! Es gibt Kränze aus Stroh oder Tannenzweigen, die du selbst schmücken und gestalten kannst. Aber nicht vergessen: Vier Kerzen gehören auch noch darauf!

Jedes Jahr füllen Papa und Mama mir meinen Adventskalender mit 24 tollen Überraschungen! Dieses Jahr sollen sie auch mal einen Kalender kriegen. Den mache ich ihnen aus Papiertüten. Und Anna und Billi bekommen auch einen!

Adventskalender am Schnürchen

Dafür brauchst du:

- Geschenkpapier in verschiedenen Farben
- eine Schere
- etwas Klebstoff
- eine Schnur
- einen Bürolocher

Über selbst gebastelte Sachen freut sich jeder! Wie wäre es, wenn du dieses Jahr einen Adventskalender machst? Das ist gar nicht schwer!

1 Schneide 24 gleichgroße Streifen aus dem Geschenkpapier.

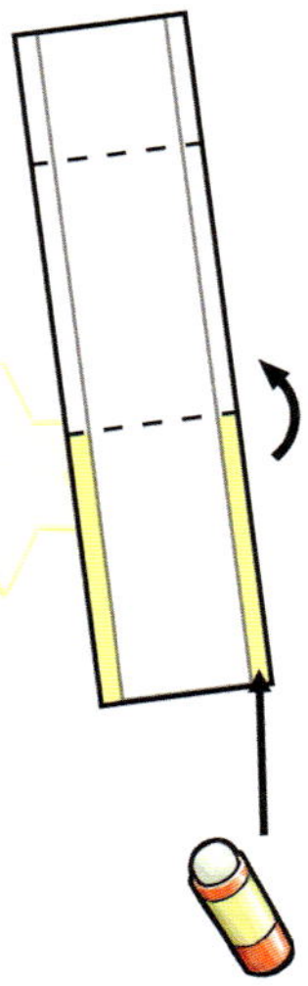

2 Falte und klebe aus jedem Streifen ein Tütchen.

3 Male die Zahlen von 1 bis 24 auf die Tütchen.

4 Dann fülle den Adventskalender mit kleinen Geschenken – zum Beispiel mit selbst gebackenen Keksen, kleinen Schokokugeln, einem Gutschein, einem Gedicht oder einfach einem guten Wunsch.

1. Dezember

Hurra, es ist kalt!

Laut Kalender beginnt der Winter am 21. Dezember und endet am 20. März. Oft ist es aber schon bereits Anfang Dezember knackig kalt. Jetzt ist also genau die richtige Zeit für ein kleines Experiment! Mach mit und finde heraus, wie sich Wasser bei Kälte verändert. Denn nicht jedes Wasser gefriert gleich schnell! In den großen Meeren und Ozeanen befindet sich viel Salz. Teiche, Seen und Flüsse bestehen dagegen meistens aus Süßwasser.

Welches Wasser gefriert wohl schneller?
Stelle eine Schale mit kräftig gesalzenem Wasser und eine Schale mit Süßwasser, also einfachem Leitungswasser, nach draußen, wenn es sehr kalt ist. Was kannst du beobachten?

Im Winter wird es früh dunkel und meistens ist es ganz schön kalt. Warum eigentlich? Die Erde umkreist die Sonne. Das dauert genau ein Jahr. Und da dabei unsere Erdachse nicht gerade, sondern geneigt ist, ist unsere Nordhalbkugel im Sommer der Sonne zugewandt – und im Winter abgewandt. So haben wir im Winter nicht nur kürzere Tage, sondern auch keine so intensive und wärmende Sonnenstrahlung.

Wenn es sehr kalt ist, gefriert sogar die Küste der Ostsee.

Diese zwei Islandpferde freuen sich auf den Sonnenuntergang.

Fenster-Flocken

So bastelst du Schneeflocken als Winterschmuck:

❶ Lege einen Teller auf weißes Papier, zeichne seinen Umriss nach und schneide den Kreis aus. ❷ Falte ihn zur Hälfte. ❸ Diesen Halbkreis faltest du anschließend noch zweimal zur Hälfte. ❹ + ❺ Zeichne nun ein Muster auf das Papierachtel und schneide es aus. Du kannst auch einfach drauflosschneiden! ❻ Falte das Papier wieder auseinander.
Und? Wie sieht deine Schneeflocke aus?

Wenn es in den Wolken sehr, sehr kalt ist, bilden sich aus den feinen Wassertropfen winzige Eiskristalle. Diese Wassertropfen sind übrigens in etwa so dick wie ein menschliches Haar!
Die kleinen Eiskristalle schließen sich mit anderen Eiskristallen zusammen und fallen dann als Schneeflocken vom Himmel.

Schneeflöckchen, Weißröckchen

Schneeflöckchen, Weißröckchen,
wann kommst du geschneit?
Du wohnst in den Wolken,
dein Weg ist so weit.

Komm setz dich ans Fenster,
du lieblicher Stern,
malst Blumen und Blätter,
wir haben dich gern.

Schneeflöckchen, du deckst uns
die Blümelein zu,
dann schlafen sie sicher
in himmlischer Ruh'.

Schneeflöckchen, Weißröckchen,
komm zu uns ins Tal.
Dann bau'n wir den Schneemann
und werfen den Ball.

Hedwig Haberkern

2. Dezember

Weihnachtszeit – Lichterzeit

In der Adventszeit wird es erst vormittags richtig hell und am Nachmittag geht die Sonne auch schon wieder unter. Genau die richtige Zeit, um es sich drinnen gemütlich zu machen, vielleicht sogar bei Kerzenlicht? Denke nur immer daran, die Kerzen immer zusammen mit einem Erwachsenen und niemals unbeaufsichtigt brennen zu lassen.

Die ersten Kerzen wurden vor etwa 5000 Jahren erfunden und brachten seitdem Licht in Höhlen, Häuser, Paläste und Kirchen. Abgelöst wurden die Kerzen erst vor etwa 150 Jahren von der Glühbirne.

In den Gegenden rund um den Nord- und den Südpol gibt es das Polarlicht. Diese grünen, roten, blauen oder violetten Lichterscheinungen entstehen durch winzige, magnetisch aufgeladene Teilchen aus dem All, die auf die Erdatmosphäre treffen.

Auf der Nordhalbkugel wird das Nordlicht auch Aurora borealis genannt.

Während der „blauen Stunde“ ist es besonders schön, sich zusammenzusetzen, Geschichten zu erzählen oder darüber zu sprechen, was einen am Tag beschäftigt hat. Weißt du, wann die blaue Stunde ist?

a. um Mitternacht
b. in der Dämmerung, nachdem die Sonne untergegangen, aber der Himmel noch nicht dunkel ist
c. im Morgengrauen

In der „blauen Stunde“ nimmt der Himmel eine besondere blaue Färbung an.

Wenn es geschneit hat, kannst du ein Winterlicht aus Schnee bauen. Stelle eine dicke Kerze sicher auf den Boden. Forme nun viele feste Schneebälle und baue sie zu einem Zylinder um die Kerze herum.

Connis Windlicht

Diese Windlichter leuchten schon von Weitem. Du kannst sie dir selbst zu Hause auf die Fensterbank stellen oder anderen damit eine Freude machen.

Dafür brauchst du:

- ein Glas
- eine helle Papiertüte (z. B. Butterbrottüte)
- buntes Transparentpapier
- eine Schere
- etwas Klebstoff
- ein Teelicht oder ein LED-Licht

1 Stelle das Teelicht oder LED-Licht in ein sauberes, trockenes Glas, z. B. ein leeres Marmeladenglas.

2 Schneide Sterne, Mond oder andere Formen aus dem Transparentpapier aus und klebe sie auf die Papiertüte. Schneide den Boden der Tüte weg.

3 Stülpe die Tüte über das Teelicht. Sieht das nicht hübsch aus? Aber Achtung: Lass das Windlicht nie unbeaufsichtigt brennen.

3. Dezember

Die Reisen der Rentiere

Mit ihrem dichten Fell sind Rentiere hervorragend an winterliche Temperaturen angepasst. Denn die Haare ihres Fells sind innen hohl. Die darin enthaltene Luft erwärmt sich durch die Körpertemperatur der Rentiere. So entsteht ein besonders guter Schutz gegen die Kälte. Praktisch von der Natur, oder?
Den Sommer verbringen die Rentiere in der Tundra, dem Steppengebiet rund um den Nordpol. Wenn es dann kälter wird, ziehen sie in die südlicher gelegenen Nadelwälder, die Taiga. Für ihre Wanderungen schließen sich die Rentiere zu großen Herden zusammen, die viele Tausend Tiere umfassen können. In manchen Gebieten gibt es sogar Herden mit mehreren Hunderttausend Tieren. Sobald die Rentiere jedoch am Zielort angekommen sind, teilt sich die Herde wieder in kleinere Gruppen aus zehn bis hundert Tieren.

Vögel, die dem Winter davonziehen

Sehr viele Vogelarten, die bei uns leben, ziehen im Winter Richtung Süden. Das liegt gar nicht unbedingt an der Kälte, sondern vor allem am Futtermangel. Viele Zugvögel versammeln sich zu großen Schwärmen und legen die teils weiten Strecken zu ihren Winterquartieren gemeinsam zurück. Zu den Zugvögeln zählen Störche, Schwalben, Kraniche, Stare und der Kuckuck.

Der Kuckuck fliegt ab Anfang August Richtung Süden und kehrt erst im April wieder zurück. Auf dem Weg nach Afrika, wo er meist südlich des Äquators überwintert, legt er etwa vier- bis sechstausend Kilometer zurück. Unglaublich, oder?

Stare überwintern in Süd- und Westeuropa. Sie bilden riesige Schwärme wie kaum eine andere Vogelart.

Auch der Weißstorch überwintert in Afrika.

Der Kuckuck fliegt während seiner Reise nach Afrika überwiegend nachts.

Die Saatkrähe kann ein Zugvogel oder ein Standvogel sein – je nachdem, wo sie lebt.

Heimische Tiere im Winter

Nicht alle Vögel ziehen dem Winter davon. Einige heimische Vogelarten trotzen der Kälte bei uns, genauso wie Hasen, Rehe, Damhirsche, Füchse und Wildschweine. Allerdings müssen sie sich meist ganz schön anstrengen, um in der Zeit auch genügend Nahrung zu finden.

Wildschweine beispielsweise können sehr gut riechen. Sie wühlen den Boden auf und fressen Wurzeln, Pilze, Eicheln und Insekten, die sie zuvor aufgespürt haben. Als Allesfresser sind sie nicht wählerisch. Friert es jedoch über längere Zeit, müssen sie sich mit Aas begnügen und von ihrer über den Sommer angefressenen Speckschicht zehren.

Diese Wildschweine suchen unter der Schneedecke nach Futter.

Die meiste Zeit des Jahres sind Rehe Einzelgänger. Im Winter jedoch leben sie in Gruppen zusammen.

Feldhasen sind Pflanzenfresser. Im Winter ernähren sie sich vor allem von der Rinde junger Bäume.

4. Dezember

Weihnachtspost

Bekommst du gern Weihnachtspost? Und freust dich, wenn in der Adventszeit jemand an dich denkt? Selber Weihnachtspost zu verschicken macht mindestens genauso viel Spaß!

Weihnachtspost zum Puzzeln

Mach es wie Conni und Anna! Male auf festem Papier oder Pappe mit Wasserfarben ein Weihnachtsbild. Sobald die Farbe getrocknet ist, schreib auf die Rückseite mit einem dicken Stift deine Weihnachtsgrüße. Anschließend wird das Bild in vier bis fünf große Teile zerschnitten und in einen Briefumschlag gesteckt. Nun noch Anschrift und Absender auf den Umschlag schreiben und ab geht die Post!

1 Falte die Hälfte eines DIN-A4-Blattes und lege es so vor dich hin, dass die Knickkante nach links zeigt.

2 Schneide mehrere Streifen Bastelpapier in zwei verschiedenen Grüntönen aus und klebe die Streifen so übereinander, dass sie nach oben hin wie ein Tannenbaum immer schmaler werden (siehe Foto). Zum Schluss klebst du den Stamm des Weihnachtsbaums und die Tannenbaumkugeln auf.

3 Nach dem gleichen Muster kannst du dir noch viele weitere Motive ausdenken!

Dafür brauchst du:

- farbiges Tonpapier
- dünnes Bastelpapier in verschiedenen Farben
- eine Schere
- etwas Klebstoff

Der bunte Baum

Eine kugelige Karte – zum Verschicken oder als Geschenkanhänger

Dafür brauchst du:

- verschieden große Münzen
- weißen Tonkarton (DIN A6)
- dünnes Bastelpapier in verschiedenen Farben
- eine Schere
- etwas Klebstoff

1 Male mithilfe von Münzen verschieden große Kreise auf buntes Bastelpapier und schneide sie aus.

2 Falte jeden einzelnen Kreis einmal in der Mitte.

3 Klebe jeweils die eine Hälfte der Kreise zu einem Tannenbaum auf die Karte. Du kannst die Karte noch mit einem farbigen Rahmen versehen.

5. Dezember

Rund um den Nikolaus

Am Abend des 5. Dezembers stellen viele Kinder einen geputzten Stiefel vor die Tür, der in der Nacht mit Nüssen, Mandarinen, Äpfeln, Schokolade oder anderen Dingen gefüllt wird. Am Nikolausmorgen, dem 6. Dezember, darf der Stiefel wieder hereingeholt und „geplündert“ werden. Juhu!

Wer war eigentlich Nikolaus? Im 4. Jahrhundert lebte ein Bischof namens Nikolaus in der Stadt Myra. Heute heißt die Stadt Demre und liegt in der Türkei. Nikolaus galt als sehr wohltätig, großzügig und hilfsbereit. Es ranken sich viele Legenden um ihn, in denen er Kindern und anderen Gutes tut und sogar das eine oder andere Wunder bewirkt. Am 6. Dezember ist sein Namenstag. Um dies zu feiern, wird an vielen Orten an ihn gedacht und man beschenkt – ähnlich wie er damals – die Kinder.

Connis Weihnachtsbäckerei

Kokosmakronen sind blitzschnell zubereitet und schmecken köstlich. Probiere mal mein Rezept hier!

Dafür brauchst du:

- ★ Eiweiß von 4 Eiern
- ★ 250 g Zucker
- ★ 1 Päckchen Vanillezucker
- ★ 300 g Kokosraspel
- ★ Oblaten (nach Bedarf)

1 Trenne das Eigelb vom Eiweiß.

2 Schlage das Eiweiß zu steifem Schnee. Rühre den Zucker, den Vanillezucker und die Kokosraspel darunter.

3 Setze mit einem Teelöffel Teighäufchen auf die Oblaten, falls du welche verwendest. Es geht aber auch ohne.

4 Bei ca. 150 °C Ober- und Unterhitze ungefähr 20 Minuten lang backen. Und fertig sind die weltbesten Kokosmakronen!

Apfelduft

Dafür brauchst du:

- 2 Äpfel
- 2 EL Marmelade
- Gemahlene Haselnüsse oder Mandeln
- 1 TL weiche Butter
- Rosinen, wer mag

Bratäpfel schmecken zu dieser Jahreszeit besonders gut. Wasche zwei Äpfel und entferne die Kerngehäuse. Das geht mit einem Apfelausstecher am besten. Verrühre etwas Marmelade, gemahlene Haselnüsse und die weiche Butter in einer Schale. Wenn du magst, füge noch Rosinen dazu.
Stelle die Äpfel in eine gefettete Form und gib die Füllung hinein. Schiebe die Form in den vorgeheizten Backofen (180 °C). Am besten lässt du dir dabei von einem Erwachsenen helfen. Nach etwa 30 Minuten sind die Bratäpfel fertig. Kurz abkühlen lassen und dann mmmhh … lecker!

Lasst uns froh und munter sein
und uns recht von Herzen freu'n!
Lustig, lustig, traleralera!
Bald ist Nikolausabend da,
bald ist Nikolausabend da!

Volkslied

6. Dezember

Winterlicher Lesespaß mit: „Conni und der große Schnee"
von Julia Boehme

Was bisher geschah …

Letztes Jahr sind wir nach Weihnachten in die Berge gefahren. Eigentlich, um Schnee zu haben. Doch es war keiner da! Dafür gab es dort eine ganz süße Katze. Aber als Pünktchen draußen den Mülleimer umschmiss, fanden das Mama und Papa nicht gerade toll. Das war ein Höllenlärm, und zwar mitten in der Nacht!

Im Hexenwald

Am nächsten Morgen sehen sie die Bescherung: Der ganze Müll liegt verstreut auf der Wiese hinter dem Haus.

„Ich würde mal sagen, das räumst du auf, Conni", meint Papa. Er sieht immer noch ganz verschlafen aus.

„Wieso ich?" Als ob Conni etwas dafür könnte! Aber sie räumt trotzdem auf. Vor dem Frühstück sogar. Pünktchen lässt sich nicht blicken. Sicherheitshalber wahrscheinlich. Denn wenn Conni ehrlich ist, ein bisschen schimpfen würde sie schon. Mama sitzt gut gelaunt am Frühstückstisch.

„Na, was wollen wir an unserem ersten Ferientag Schönes machen?"

„Mit der Dampflok fahren!", ruft Jakob sofort.

„Au ja!" Conni ist noch nie Dampflok gefahren.

„Gebongt", meint Papa und holt noch etwas Kaffee.

„Nein, das gibt's doch nicht!", ruft er auf einmal. „Es fängt an zu schneien!"

Alle drehen sich zum Fenster um. Aber draußen ist keine einzige Schneeflocke zu sehen.

„April, April!", grinst Papa.

„Es ist doch gar nicht April!“, schimpft Conni und lacht.

Jakob muss Papas Streich natürlich auch gleich ausprobieren.

„Es schneit, es schneit!“, ruft er nun alle paar Minuten. Bis wirklich keiner mehr guckt.

Eine Stunde später sitzen sie im Zug. Die alte Dampflok ruckelt und zuckelt fauchend von einem Bahnhof zum anderen.

„Alle aussteigen!“, ruft Papa schließlich.

Schade, Conni wäre gerne noch weitergefahren. Jakob auch. „Ich will nicht raus“, protestiert er.

„Willst du etwa keine echte Burg sehen?“, fragt Papa.

Im Nu klettert Jakob aus dem Waggon. „Wo ist die denn?“

„Hier lang“, meint Papa und biegt in einen Waldweg ein.

Der Boden ist immer noch vom Regen aufgeweicht. Connis Stiefel drücken ein tolles Grätenmuster in den Matsch. Doch plötzlich sind auf dem Weg noch ganz andere Spuren zu sehen.

„Hier sind Rehe langgelaufen“, weiß Papa.

„Und von wem stammt das hier?“ Papa zeigt auf eine kleine Spur, die aus vier dünnen Strichen besteht.

„Das war ein Vogel“, sagt Conni.

„Ja, genau. Eine Krähe, würde ich sagen“, nickt Papa. „Und hier ist eine kleine Waldmaus entlanggesprungen. Schaut mal, der lange Strich stammt von ihrem Schwanz!“

Papa kennt sich echt aus. Genau wie Opa ist er ein echter Tierspuren-Detektiv.

Plötzlich entdeckt Conni im Matsch eine ganz merkwürdige Spur. Wie kleine Handabdrücke.

„Und was war das für ein Tier?“

„Das kann ich dir gleich sagen!“ Schwungvoll kommt Papa zu ihr herübergestapft. Mit großen Augen starrt er auf die Spuren. „Tja, das ...“ Er schiebt seine Brille zurecht. „Keine Ahnung!“, gibt er schließlich zu. „So was habe ich ja noch nie gesehen.“

„Nicht?“, fragt Conni. „Ich dachte, du kennst alle Tiere im Wald.“

„Dachte ich auch“, meint Papa. „Zumindest die großen.“

Conni beugt sich über die Spuren. „Schau doch, fünf Finger! Das sieht doch fast wie eine kleine Menschenhand aus!“ Sie überlegt. „Ob das ein Affe war?“, fragt sie aufgeregt. „Vielleicht ist ja einer irgendwo ausgebüxt!“

„Ein Affe?“ Papa zuckt mit den Schultern. „Ich weiß nicht!“

Beim Weitergehen schaut sich Conni immer wieder um. Sie hofft, irgendwo dieses rätselhafte Tier zu sehen. Wenn Papa es nicht kennt, muss es etwas Besonderes sein. Und Conni will unbedingt herausfinden, was! Doch auf ihrer Waldsafari sieht Conni nur noch ein Eichhörnchen und ein paar Vögel. Schließlich erreichen sie die Burg. Oder zumindest das, was von ihr übrig ist.

„Das ist ja nur eine Ruine", ruft Conni enttäuscht.

„Die ist doch auch spannend", meint Mama.

Papa nickt. „Vor allem wenn man weiß, warum die Burg so verfallen ist. Dazu gibt es nämlich eine Geschichte!"

„Los, erzähl schon", ruft Conni. Sie liebt Papas Geschichten.

Papa holt tief Luft. „Vor langer, langer Zeit lebte hier ein böser Graf. Ihm gehörten all die Wälder ringsherum, in denen er jagen ging. Eines Tages nun entdeckte er einen weißen Hirsch. Und der Graf wollte natürlich nur eins: den weißen Hirsch erlegen."

„Oh, wie fies!", schimpft Conni.

„Doch das war nicht so einfach", fährt Papa fort. „Ein bisschen war es sogar so, als wolle der Hirsch ihn zum Narren halten. Denn immer wenn der Graf nah genug herangekommen war, um Pfeil und Bogen anzulegen, verschwand der Hirsch plötzlich mit einem gewaltigen Satz im Dickicht. Jeden Tag zog der Fürst mit seinen Jägern los und jeden Tag war es dasselbe. Bis der Graf endlich genug hatte und befahl alle Büsche und Bäume zu fällen. Der ganze Wald sollte abgeholzt werden."

„Was?", ruft Conni dazwischen. „Wieso denn? Spinnt der?"

„So hoffte der Graf den Hirsch zu überlisten. Wenn es keinen Wald mehr gab, in dem sich der weiße Hirsch verstecken konnte, würde er den Hirsch erlegen. So meinte der Graf zumindest. Die Holzfäller mussten sich sofort an die Arbeit machen. Ein Baum nach dem anderen krachte zu Boden. Im Wald aber gab es eine uralte Eiche, in deren Wipfel eine Hexe lebte. Keiner der Holzfäller traute sich den Hexenbaum zu fällen. Als das der Graf hörte, kam er, um den Baum eigenhändig zu schlagen. Doch gerade als er mit seiner Axt die Rinde berührte, wurde der Graf selbst zu einem knorrigen, alten Baum. Die Hexe hatte ihn verhext. Und sie

zauberte noch mehr. Denn im selben Moment wuchsen alle abgeholzten Bäume wieder nach. Bald war der Wald genauso dicht und prächtig wie zuvor. Die Burg des Grafen aber verfiel von einer Sekunde auf die andere. Zu der Ruine, die ihr hier vor euch seht. Doch das ist noch nicht alles", sagt Papa geheimnisvoll. „Es heißt, dass der Graf in jeder Vollmondnacht seine Menschengestalt zurückerhält und durch die Gegend spukt."

Conni schüttelt sich. „Ist ja gruselig!"

Jakob hat mit offenem Mund zugehört. „Ist das wahr?", fragt er kleinlaut.

„Nun ja, die Leute erzählen das hier", meint Papa augenzwinkernd.

„Ach, Quatsch!", lacht Mama und nimmt Jakob in den Arm. „Das ist doch nur eine Geschichte, ein Märchen. Sonst nichts!"

Beim Abendbrot schaut Jakob auf einmal mit großen Augen aus dem Fenster. Hastig kaut er und ruft noch mit vollem Mund: „Do! Ös schnoit!"

Conni kann nicht anders, sie muss nach draußen gucken. So gut kann Jakob nun wirklich nicht schauspielern. Anscheinend doch! Keine einzige Schneeflocke weit und breit.

„Reingelegt!", platzt Jakob heraus und verschluckt sich fast vor Lachen.

O nein! Conni könnte sich in den Hintern beißen. Noch einmal fällt sie nicht darauf rein! Ganz bestimmt nicht!

Spuk auf dem Dachboden

Auch wenn es nur ein Märchen ist, nachts im Bett muss Conni immer wieder an den Grafen denken. Wie gut, dass er verzaubert ist! Bloß dass er bei Vollmond rumgeistern darf, versteht sie nicht. So einen fiesen Kerl frei herumspuken zu lassen? Das ist doch gemeingefährlich! Conni blickt zum Fenster. Hinter dem Vorhang schimmert die gelbe Mondkugel. Es ist doch nicht etwa Vollmond? Conni schaut sofort nach. Tatsächlich: Der Mond ist kreisrund. Schnell klettert sie ins Bett zurück. Nur gut, dass das alles nur ein Märchen ist!

Huch! Conni erstarrt. Was war das denn? Direkt über ihr hört sie Schritte. Da ist einer auf dem Dachboden! Conni spitzt die Ohren. Da, schon wieder! Eine Gänsehaut läuft ihr über den Rücken. Ob das der Graf ist, der da oben herumgeistert? Nein, das mit dem Grafen ist doch alles nur ausgedacht! Aber da oben ist wirklich jemand. Ein Dieb vielleicht? Conni schluckt. Was soll sie nur machen? Sie muss Mama und Papa warnen. Lautlos klettert Conni aus dem Bett. Jakob schläft tief und fest. Auf Zehenspitzen schleicht sie sich zur Tür und drückt ganz behutsam die Klinke hinunter. Was, wenn der Dieb schon im Haus ist? Conni lauscht noch einmal. Doch die unheimlichen Geräusche kommen eindeutig von oben. Rasch schlüpft Conni ins Elternschlafzimmer.

„Aufwachen!", zischt sie und zieht Papa die Decke weg. Doch der brummt nur und dreht sich um.

Aber Mama ist wach. „Was ist denn los?"

„Da ist jemand auf dem Dachboden", stößt Conni hervor. „Bestimmt ein Dieb!"

„Ein Dieb?" Mama rüttelt sofort Papa wach. Schlaftrunken folgt er Conni und Mama ins Kinderzimmer.

„Da ist nichts", nuschelt er.

„Doch, da! Hörst du denn nichts?", wispert Conni.

Und da hört es Papa auch. Kleine schnelle Schritte, ein Rascheln – und dann ein ganz merkwürdiger Laut. Richtig gespenstisch! Vielleicht ist es doch der Graf, der ausgerechnet hier herumspukt?

„Das sind bloß irgendwelche Tiere", meint Papa. „Ratten oder Siebenschläfer. Die wohnen da oben."

„Das müssen aber große Ratten sein", meint Mama.

Conni schüttelt sich. Riesenratten, die nur wenige Zentimeter über ihrem Kopf hin und her huschen, sind auch nicht gerade eine beruhigende Vorstellung. Plötzlich muss sie grinsen.

„Ob das Pünktchen ist?"

„Na klar", lacht Mama. „Dass wir da nicht eher drauf gekommen sind!"

Papa fasst sich an die Stirn. „Na, dann gute Nacht!"

„Gute Nacht!", flüstert Conni und klettert in ihr Bett.

Das Tappen von Pünktchen macht ihr nichts aus. Nicht das Geringste. Im Gegenteil. Ein bisschen ist es so, als ob ihre Ferienkatze da oben Wache hält. Conni grinst. Da hat dieser komische Geistergraf keine Chance!

Überraschung!

Zum Frühstück holt Conni Pünktchen ins Haus. Während die unter Connis Stuhl ihren Napf leer frisst, löffelt Conni ihr Müsli. Jakob kann es mal wieder nicht lassen.

„Es schneit!", ruft er und wartet darauf, dass sich Mama und Conni, die mit dem Rücken zum Fenster sitzen, neugierig umdrehen. Doch den Gefallen tun sie ihm nicht.

„Langsam wird's langweilig", brummt Conni nur. „Lass dir mal was anderes einfallen!"

„Aber es schneit ja tatsächlich!", ruft Papa überrascht.

Beinahe hätte sich Conni nun doch zum Fenster umgedreht. Aber nur fast. Denn natürlich halten die Männer mal wieder zusammen. Auf so einen plumpen Trick fällt sie nicht rein! Mama allerdings schon.

„Angeschmiert!", lacht Conni.

Aber Mama strahlt nur. „Da kriegen wir ja doch noch ein bisschen Schnee!", freut sie sich.

Conni wirbelt herum. Das gibt es doch gar nicht! Zaghaft schweben winzige Schneeflöckchen am Fenster vorbei.

„Yippiehh!" Conni springt auf, schnappt sich ihre Winterjacke und schon ist sie draußen.

Mama, Papa und Jakob kommen gleich hinterher. Conni streckt ihr Gesicht zum Himmel und lässt sich von den Schneeflocken küssen. Das kitzelt vielleicht! Conni kichert. Wenn es doch nur doller schneien würde! Dann könnten sie eine Schneeballschlacht machen oder einen Schneemann bauen. Doch daran ist noch nicht zu denken. Denn leider bleibt der Schnee nicht liegen. Wie durch Zauberhand verschwinden die zarten Flocken, sobald sie den Boden berühren. Conni legt ihre Hände an den Mund.

„Hallo da oben! Noch mehr Schnee, bitte!", ruft sie den Wolken zu.

„Ja! Mehr, mehr!", brüllt Jakob sofort.

Und Papa macht auch mit. „Noch mehr Schnee, bitte!", ruft er ausgelassen.

Alle schauen Mama an.

„Mehr Schnee, bitte!", schreit auch sie, so laut sie kann.

Und da ist es Conni auf einmal so, als ob die Flocken immer größer werden und dichter fallen.

„Es scheint geholfen zu haben", meint Mama verwundert.

Conni schleckt sich eine dicke Schneeflocke von den Lippen und dreht sich lachend im Kreis. Ja, tatsächlich! So viele Flocken! Der ganze Himmel ist weiß.

„Wie wäre es mit einem kleinen Spaziergang?", fragt Papa. Damit sind alle einverstanden.

Als sie schließlich nach Hause kommen, liegt schon ein feiner weißer Schneeteppich auf dem Boden. Und Conni, Mama, Papa und Jakob sehen aus wie Schneemänner.

Vor lauter Schnee haben sie Pünktchen ganz vergessen.

„Wie sieht's denn hier aus?", ruft Mama entsetzt.

Vor dem Herd liegen Scherben am Boden und eine ausgelaufene Ketchupflasche. Doch was noch schlimmer ist: Die tiefgefrorenen Putensteaks, die Mama zum Auftauen extra hoch oben auf den Küchenschrank gestellt hat, sind ratzekahl aufgefressen. Pünktchen liegt mit dickem Bauch auf dem Sofa und schnurrt, als sei nichts geschehen.

„Bring dieses Mistvieh sofort raus!", schnaubt Papa.

Doch Conni stemmt die Arme in die Seite.

„Du willst sie bei dem Wetter doch nicht vor die Tür jagen?", ruft sie empört.

„Und ob ich das will!", knurrt Papa.

„Na, hör mal!" Conni funkelt ihn wütend an.

„Miau!"

Pünktchen ist vom Sofa gesprungen und kratzt an der Haustür. Das gibt's doch nicht. Während Conni für sie kämpft, fällt Pünktchen ihr in den Rücken!

„Siehst du, sie will sogar selbst raus", triumphiert Papa.

Mit knallrotem Gesicht öffnet Conni die Tür. Sie weiß gar nicht, auf wen sie jetzt eigentlich sauer sein soll: auf Papa oder auf Pünktchen? Am besten auf beide!

Textauszug aus dem Buch „Conni und der große Schnee" von Julia Boehme

7. Dezember

Was gefällt dir am Advent?

Was gefällt dir am besten an der Adventszeit? Das Öffnen des Adventskalenders? Die vielen Lichter überall? Die glühenden Wangen, wenn du von draußen aus der Kälte hereinkommst? Der Duft von Weihnachtsleckereien? Oder wenn du mit Freunden und Familie gemütlich zusammensitzt?

Am Adventssonntag kommen Oma und Opa zu uns.

In der Schule üben wir lauter tolle Weihnachtslieder.

Was macht Weihnachten schön?

Für jeden bedeutet das Weihnachtsfest etwas anderes. Manche lieben das gemütliche Weihnachtsessen, andere die vielen Geschenke oder das schöne Krippenspiel in der Kirche. Manche feiern am liebsten im großen Familienkreis, andere treffen lieber enge Freunde oder genießen in ganz kleiner Runde die ruhige Weihnachtsstimmung. Finde heraus, was dir am besten gefällt, und besprich es mit deiner Familie oder allen, mit denen du feierst. Dann kann jeder seine Wünsche äußern und es wird für alle ein schönes Weihnachtsfest.

Magst du Julklapp? Ob mit der Schulklasse, im Sportverein oder unter Freunden: Den meisten macht es sehr viel Spaß. Und so geht's: Lost aus, wer wem ein kleines Geschenk machen darf. Das muss natürlich streng geheim bleiben! Auf eurer Weihnachtsfeier werden die Päckchen dann untereinander ausgetauscht. Eine lustige Variante ist es, wenn ihr euch alle Quatschgeschenke macht, zum Beispiel ein uraltes Spielzeug, eine komische Tasse oder ein total hässliches T-Shirt. Das heißt dann „Schrottjulklapp" – warum wohl?!

Wie lautet ein anderes Wort für Julklapp?

a. Wuseln
b. Zwergerln
c. Wichteln

Wir sind beste Freundinnen! Und damit man das auch sieht, mache ich für jede von uns ein Freundschaftsband!

Freunde-Glück

Du willst deinen Freunden eine besondere Freude machen? Dann bastle ihnen doch ein Freundschaftsarmband mit einem ganz persönlichen Glücksanhänger. Das kann eine hübsche Muschel sein von einem gemeinsamen Ausflug ans Meer, ein Glöckchen, das euch immer an eure Freundschaft erinnern soll, oder auch einfach ein schöner Stein mit Loch.

Dann brauchst du nur noch ein paar bunte Perlen, etwas Klebeband und eine Gummischnur – und schon kann es losgehen!

1 Umwickle das eine Ende der Schnur mit einem Stück Klebeband, damit die Perlen nicht von der Schnur rutschen.

2 Nun fädelst du erst die eine Hälfte der Perlen auf, fügst deinen persönlichen Glücksanhänger dazu und anschließend die andere Hälfte der Perlen.

3 Sobald das Armband die richtige Länge erreicht hat, verknotest du die Schnur.

Du kannst natürlich auch Lederbänder statt einer Schnur verwenden. Die lassen sich wunderbar flechten und dein Anhänger kommt damit besonders gut zur Geltung.

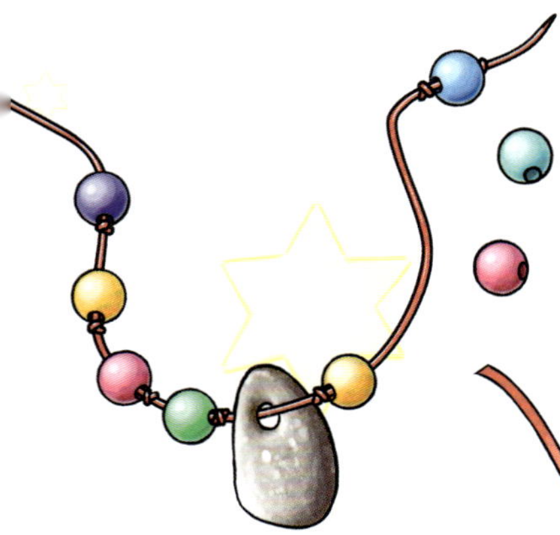

Als Schnur eignet sich besonders gut ein dünnes Band, das sich dehnen lässt (z.B. Hutgummi).

8. Dezember

Wer mag was?

Es macht Spaß, im Winter die Vögel zu füttern! Mit etwas Glück kannst du sie dabei aus nächster Nähe beobachten und erfährst so eine Menge über ihr Verhalten.
Die beste Zeit dafür sind die Monate von November bis Ende Februar. Dann suchen viele Vögel die Futterstellen auf, denn für sie ist es im Winter meist schwieriger, an Futter zu kommen.
Finken und Sperlinge gehören zu den Körnerfressern. Sie haben einen robusten Schnabel, mit dem sie harte Schalen wie die von Sonnenblumenkernen spielend aufpicken.
Amseln und Rotkehlchen bevorzugen dagegen weiches Futter. Hier eignen sich vor allem Rosinen, Haferflocken oder Obst.
Meisen und Spechte sind flexibel. Im Sommer fressen sie weiche Nahrung, im Winter mögen sie aber auch Sonnenblumenkerne.

Vier Kohlmeisen mit Riesenkohldampf! Der Meisenknödel besteht aus einer Mischung aus Fett und Körnern.

Gesundes Futter für Vögel kannst du im Sommer und Herbst auch selbst sammeln und trocken aufbewahren, um es dann bei Frost und Schnee für sie auszustreuen. Da eignen sich zum Beispiel Bucheckern, Holunderbeeren, Walnüsse und Haselnüsse wunderbar. Und als Tipp: Wenn du zu Hause einen Garten hast, dann lass einen kleinen Teil der Früchte, Beeren oder Nüsse stehen und ernte nicht alles. Davon können sich dann nämlich später die Tiere ernähren. Denn eine Umgebung, in der Tiere selbst Nahrung und Unterschlupf finden, ist viel wichtiger als jedes noch so gut gefüllte Vogelhäuschen.

Hier schaut ein Rotkehlchen im Vogelhäuschen vorbei.

Füttere niemals Brot an die Vögel, denn es quillt im Magen auf. Auch gesalzenes oder gewürztes Futter ist ungeeignet.

Vögel füttern – aber richtig!

Streue niemals Futter auf den Boden, denn das lockt Ratten an. Du kannst stattdessen einen Apfel aufhängen oder Sonnenblumenkerne in einem Vogelhäuschen ausstreuen. Gib nur acht, dass das Haus regelmäßig gereinigt wird, damit die Vögel gesund bleiben. Außerdem sollte das Vogelhäuschen möglichst so hängen, dass andere Tiere wie Katzen oder Ratten es nicht erreichen können. Und wichtig ist, dass das Futter stets trocken bleibt. Sonst verdirbt es oder schimmelt sogar, und davon werden die Vögel krank.

Achte darauf, dass nur Vögel an die Futterstelle gelangen.

Kiefernzapfen

Kleine Kraftpakete

In Tannen- und Fichtenzapfen stecken Samen, die sehr nahrhaft sind und von denen sich viele Tiere ernähren. Zum Beispiel Buntspechte und Tannenmeisen, die die Samen geschickt aus den Zapfen herauspicken. Aber auch Mäuse und Eichhörnchen bedienen sich daran. Das Eichhörnchen zupft die Schuppen der Zapfen ab und gelangt so an die darunter liegenden Samen.

9. Dezember

Bitte nicht reinbeißen!

Dafür brauchst du:

- eine halbe Tasse Salz
- eine halbe Tasse Mehl
- ein wenig Wasser zum Verrühren
- eine Teigrolle
- mehrere Ausstechförmchen
- einen Zahnstocher
- ein Backblech mit Backpapier
- verschiedene Farben und Pinsel
- dünne Bänder

Aus Salzteig kannst du schöne Anhänger für den Weihnachtsbaum basteln. In allen Größen und Formen!

1 Mische Salz und Mehl mit dem Wasser. Es soll eine Masse entstehen, die du gut kneten kannst.

2 Rolle den Teig mit der Teigrolle aus, bis du eine glatte Fläche erhältst.

3 Stich mit den Förmchen verschiedene Motive aus – zum Beispiel ein Herz, einen Tannenbaum oder einen Mond.

4 Pikse mit dem Zahnstocher in jeden Anhänger oben ein Loch, durch das du später das Band zum Aufhängen hindurchfädelst.

5 Lege die Anhänger auf das Backblech und lass sie ein paar Tage trocknen. Anschließend kannst du sie bemalen. Und schon sieht der Tannenzweig richtig weihnachtlich aus!

Wenn du diese Anhänger basteln möchtest, schneidest du Dreiecke aus Pappe oder Tonkarton aus. Umwickle die Tannenbäume mit grüner Wolle oder Garn. Befestige zum Aufhängen eine Schnur oben an der Spitze. Wenn du magst, kannst du noch Pailletten als Tannenbaumschmuck aufkleben.

Dafür brauchst du:

- rotes und grünes Tonpapier
- einen Bleistift
- eine Schere
- etwas Klebstoff
- etwas dünne Schnur

Toller Tannenbaumschmuck

1 Zeichne die Tannenbaumkugeln auf das Tonpapier und schneide sie aus.

2 Binde aus einem Stück Schnur eine Schlaufe und bestreiche das Tonpapier auf der Rückseite mit Klebstoff.

3 Klebe die Schlaufe hinten an der Kugel fest. Dann klebe eine zweite Weihnachtskugel auf die Rückseite.

4 Schneide rote und grüne Punkte aus dem Tonpapier aus und klebe diese auf die Tannenbaumkugeln. Und das Beste: Diese Kugeln können nicht kaputtgehen, wenn sie herunterfallen.

10. Dezember

Tierisch kalt!

Enten tragen zwar keine Schuhe, aber sie sind trotzdem bestens gegen die Kälte geschützt.

Zwei Stockenten auf zugefrorener Eisfläche

Die Deckfedern schützen sie nämlich vor Nässe und die darunter liegenden Daunen bewahren die Körpertemperatur. So ist den Enten oben herum schön warm. Das warme Blut fließt dann auch in die Füße und wärmt sie ebenfalls. Dabei liegen die Adern, in denen das warme Blut zu den Füßen fließt, ganz dicht bei den Adern, in denen das abgekühlte Blut zurückfließt. Das hat zwei Vorteile: Zum einen wird das abgekühlte Blut dadurch wieder angewärmt. Und das Blut, das in die Füße fließt, kühlt ein wenig ab. So ist der Ente weder zu kalt noch zu warm und sie fühlt sich pudel... äh ... nein, entenwohl.

Kaum ein Säugetier widersteht Eis und Schnee so gut wie ein Moschusochse. Moschusochsen haben dicke Fettpolster am Körper, die sie prima vor Kälte schützen. Außerdem ernährt das Fett sie, wenn die Nahrung im Winter knapp wird.

Moschusochsen leben unter anderem in Grönland, Sibirien, Kanada und Alaska. Auch in Norwegen und Schweden gibt es kleinere Herden.

Diese Weinbergschnecke ist bereit für den Winter.

Hast du schon einmal eine Weinbergschnecke gesehen? Ihr Gehäuse kann so groß werden wie eine kleine Mandarine. Kein Wunder also, dass die Weinbergschnecke die größte heimische Schneckenart ist! Vor dem Winter isst sie, so viel sie kann – sie futtert also sozusagen auf Vorrat. Sobald es dann kalt wird, vergräbt sie sich in der Erde und zieht sich ganz tief in ihr Gehäuse zurück. Als Schutz vor der Kälte verschließen Weinbergschnecken die Öffnung mit einer Art Deckel. Dieser Deckel besteht aus Kalk und wird im Frühjahr wieder aufgestoßen.

Das Hermelin ist immer passend angezogen! Es hat im Sommer ein braunes Fell und einen weißen Bauch. Im Winter aber wächst ihm ein durchgehend weißes Fell. So ist es immer gut vor seinen Feinden getarnt – ganz egal welche Jahreszeit gerade ist. Nur seine Schwanzspitze bleibt stets schwarz.

Wie wird das Hermelin auch genannt?

a. Großes Wiesel
b. Großer Kämpfer
c. Großer Zwiesel

Auch das Fell von Polarfüchsen und Schneehasen färbt sich im Winter weiß.

Heute haben
Anna, Billi und ich ein tolles
Erinnerungsposter geklebt. Dabei sind
uns so viel schöne Dinge eingefallen, die
wir dieses Jahr zusammen erlebt haben!
Und auch lustige Sachen – über
die können wir uns immer noch
kringelig lachen!

Connis Super-Collage

Wenn es draußen kalt ist, macht Basteln besonders Spaß! Wie wäre es also mit einer selbst gemachten Collage für dich oder deine Freunde?
Jetzt am Ende des Jahres ist eine gute Gelegenheit, an all die schönen Dinge zu denken, die du in den vergangenen Monaten erlebt hast. Suche Fotos zusammen oder schneide schöne Bilder aus Magazinen und Zeitschriften aus. Klebe alles auf einen großen Bogen farbiges Tonpapier (am besten DIN A3). Du kannst auch noch etwas dazu malen oder unter die Fotos schreiben – zum Beispiel, wann du sie gemacht hast. Auf diese Weise entsteht eine Art bebildertes Tagebuch. Vielleicht haben deine Freunde ja Lust mitzumachen.

11. Dezember

Durch den Winter kommen

Eichhörnchen sammeln im Herbst ganz viele Nüsse und Eicheln als Vorrat für den Winter. Diese Vorräte verstecken sie dann zwischen Ästen und Zweigen oder vergraben sie im Boden. Sobald es kalt wird, sucht das Eichhörnchen sein rundes Nest auf, um dort die Wintermonate über zu ruhen. Richtig fest schläft es aber nicht. Zwischendurch wacht es immer wieder auf, verlässt seinen Kobel und frisst von seinen Wintervorräten. Ein bisschen so, wie wenn man nachts mit knurrendem Magen aufwacht und dann zum Kühlschrank schleicht ...

Wie heißt das Nest des Eichhörnchens?

a. Zobel
b. Kobel
c. Korb

Außer Nüssen und Samen verspeisen Eichhörnchen auch gern Insekten, Schnecken und Vogeleier.

Das Tagpfauenauge überwintert in Kellern oder Höhlen.

Der Kleine Fuchs sucht sich auf Dachböden oder in Scheunen ein Winterquartier. Auch das Tagpfauenauge verbringt den Winter bei uns. Andere Schmetterlingsarten, wie der Distelfalter oder der Admiral, ziehen lieber in die Wärme. Sie fliegen im Spätsommer und Herbst in wärmere Gegenden, manchmal Hunderte Kilometer entfernt.
Im Gegensatz zu Eichhörnchen halten Igel keine Winterruhe, sondern sinken in einen richtig tiefen Winterschlaf, der in der Regel selten unterbrochen wird. Während sie schlafen, zehren Igel von

Vor dem Winter heißt es ordentlich futtern!

den Fettreserven, die sie sich im Herbst angefressen haben. Sie ernähren sich hauptsächlich von Insekten und Würmern, aber mögen auch Früchte und Wurzeln.

Gut getarnt! Entdeckst du den Langschläfer?

Langschläfer

Im Herbst, zwischen Oktober und Dezember, machen es sich die Braunbären gemütlich. In diesem Zeitraum suchen sie nämlich ihre Schlafhöhle auf und begeben sich zur Winterruhe. Wie viele andere Tiere auch, die die kalte Jahreszeit ruhend oder schlafend verbringen, müssen sie sich vorher aber ein dickes Polster anfressen.

Dieser Bär döst ein wenig in der Sonne.

Der Siebenschläfer ist ein richtiger Langschläfer! Das kleine Nagetier mit dem buschigen Schwanz hält etwa sieben Monate lang Winterschlaf, daher auch sein Name. Zuvor hat der Siebenschläfer sich den Sommer und den Herbst über eine Speckschicht angefuttert. Siebenschläfer fressen vor allem Früchte, Pilze, Knospen, Rinden, Samen und Nüsse.

Siebenschläfer sind richtige Schlafmützen.

12. Dezember

Winterlicher Lesespaß mit: „Conni und die Ponys im Schnee"
von Julia Boehme

Was bisher geschah …

Letzte Weihnachten habe ich einen Gutschein geschenkt bekommen: für ein paar Tage Winterreiten auf dem Ponyhof! Ein super Geschenk!

Eine Prinzessin auf dem Ponyhof

Das Tollste an Connis Weihnachtsgeschenk ist allerdings, dass ihre beste Freundin genau den gleichen Gutschein bekommen hat. Das erfährt Conni aber erst am nächsten Tag, als sie bei Anna anruft.

„Frohe Weihnachten!", ruft sie ins Telefon. „Was hast du denn alles geschenkt gekriegt?"

Und dann fällt ihr fast der Hörer aus der Hand. „Was? Du fährst auch auf den Ponyhof? Yippie!" Conni macht einen Freudentanz am Telefon.

Anna lacht. „Ich weiß das übrigens schon lange."

Conni bleibt stocksteif stehen. „Du wusstest das und hast mir nichts gesagt?"

„Sollte ja eine Überraschung für dich sein", erklärt Anna.

„Aber …" Conni fehlen die Worte. „Du bist doch meine Freundin!"

„Eben", sagt Anna. „Was meinst du, wie schwer das war, dichtzuhalten?"

„Pff", macht Conni.

„Werd jetzt bloß nicht sauer", sagt Anna.

„Werde ich nicht – bin ich schon", grummelt Conni.

„Was hättest du denn an meiner Stelle gemacht?", fragt Anna.

Conni überlegt. „Auch dichtgehalten", meint sie grinsend.

„Na, du bist ja eine schöne Freundin", ruft Anna und lacht.

So sitzen die beiden am 30. Dezember aufgeregt im Auto. Diesmal fährt sie Annas Mutter hin. Und alle fünf Minuten fällt ihr etwas Neues ein, was die Mädchen vergessen haben könnten: Zahnbürste, Hausschuhe, Reitstiefel und lange Unterhosen.

„Habt ihr auch eure Handschuhe mit?", erkundigt sie sich auf halber Fahrt. „Sonst drehen wir gleich wieder um. Bei der Kälte frieren euch sonst ja die Finger ab."

„Ich hab meine dabei", ruft Conni sofort.

„Ich auch!" Anna wedelt mit ihren lilafarbenen Reithandschuhen. Die sind brandneu.

„Die habe ich zu Weihnachten bekommen. Schick, was?", fragt sie Conni stolz. „Und natürlich vergesse ich die nicht", ruft sie zu ihrer Mutter nach vorne.

„Gut", murmelt die. Und dann scheint ihr nichts mehr einzufallen, was die Mädchen noch vergessen haben könnten. Zum Glück! Denn Umkehren, findet Conni, kommt ja gar nicht infrage.

Die letzten Kilometer schauen Conni und Anna zum Fenster hinaus. Sie waren schon oft auf dem Reiterhof und kennen die Strecke. Aber komisch, im Sommer sah alles bunt und fröhlich aus. Und jetzt? Die nackten Bäume recken ihre kahlen Zweige in den eisblauen Himmel. Und die abrasierten Felder – auf denen sonst Raps oder Sonnenblumen leuchten – sind farblos und öd. Selbst die Häuser wirken ganz grau.

„Da ist schon der Hof!", jubelt Conni plötzlich.

Frau Brunsberg setzt den Blinker und biegt in die Einfahrt ein.

„Alles aussteigen", ruft sie.

Conni und Anna springen aus dem Wagen und schnappen sich ihre Sachen aus dem Kofferraum. Da geht schon die Haustür auf und Frau Behrens kommt ihnen entgegen. Und nicht nur sie: Moritz, Lars und Liska stürmen mit raus. Und zwar alle ohne Jacke, obwohl es so kalt ist, dass ihr Atem dampft.

Schon liegen die Kinder sich in den Armen.

„Ihr seid auch wieder hier! Super!", rufen sie durcheinander.

„Jetzt aber rein mit euch", drängt Frau Behrens. „So ist es viel zu kalt, also wirklich!"

Die Jungs und Liska schnappen sich Taschen und Tüten, dass Conni und Anna kaum mehr was zu tragen haben.

Die beiden verabschieden sich noch von Frau Brunsberg und dann laufen sie den anderen hinterher.

„Hallo, Conni, hi, Anna!" Drinnen wartet nicht nur Herr Behrens, sondern auch Celina auf sie.

„Es sind ja wirklich wieder alle da!" Conni strahlt.

„Ja!", sagt Frau Behrens. „Und es kommt sogar noch jemand Neues dazu."

„Ein Junge?“, ruft Lars.

„Ein Mädchen“, erklärt Frau Behrens.

„Oooch nö!“, stöhnen die Jungs enttäuscht.

„Hört mal“, sagt Frau Behrens. „Ihr seid ja schon ein eingespieltes Team. Ich hoffe, ihr lasst die Neue nicht außen vor, sondern nehmt sie gleich in eure Mitte.“

„Klar“, lacht Conni. „Wir sind wie eine große Herde. Da gehören alle zusammen!“

„Genau“, kichern die anderen.

Frau Behrens zwinkert ihnen vergnügt zu. „Na, das hätte ich von euch auch gar nicht anders erwartet!“

„Nur doof, dass es ein Mädchen ist“, mault Moritz.

„Ach ja?“ Liska stemmt die Arme in die Seite.

„Ihr seid eh in der Überzahl!“, meint Moritz.

„Stimmt, wir brauchen einen Jungen!“, ruft Lars.

„Pech gehabt!“ Conni grinst.

Die vier Mädchen haken sich unter: Anna, Liska, Conni und Celina.

„Es kann gar nicht genug von uns geben“, schmettert Liska.

„Genau“, ruft Celina. „Her mit der Neuen!“

Die Neue lässt auf sich warten. Es wird schon dunkel, als ein Wagen auf den Hof fährt. Conni lugt durchs Fenster.

„Die bringen ein Pferd mit“, ruft sie.

Denn hinten am Auto ist ein großer schwarzer Pferdehänger. Da wollen natürlich alle mit raus. „Diesmal zieht ihr euch aber was über!“, ruft Herr Behrens.

In aller Eile schnappen sich die Kinder ihre Jacken und stürmen aus dem Haus.

Ein Mann und ein Mädchen steigen aus dem Wagen.

„Du musst Verena sein“, begrüßt Frau Behrens die Neue.

„Hallo“, sagt Verena. Sie gibt Frau Behrens die Hand. Alle anderen beachtet sie gar nicht, sondern folgt ihrem Vater zum Anhänger.

„Bevor wir sie rausholen, sollten wir uns erst einmal den Stall ansehen“, meint sie.

Frau Behrens bleibt für einen Moment der Mund offen stehen. Dann nickt sie. „Unsere Pferde halten wir im Offenstall, aber wir haben auch Boxen.“

„Die stehen draußen bei der Kälte?", erkundigt sich Verenas Vater.

„Die Pferde sind das gewohnt und sie haben ja auch ein dickes Winterfell", sagt Frau Behrens.

„Meins aber nicht. Das muss in die Box", stellt Verena klar.

„Aber natürlich", meint Frau Behrens. „Man kann ein Pferd nicht einfach von heute auf morgen in die Kälte stellen."

„Hier!" Sie zeigt auf eine Box gleich neben dem Offenstall. „Da kann dein Pferd die anderen sehen und ist nicht allein."

Verena schaut auf die Weide. „Da sind ja nur Ponys."

„Wir haben drei Pferde. Der Rest sind Ponys", erklärt Frau Behrens geduldig.

„Ein Ponyhof!" Verena klingt ganz und gar nicht begeistert. „Ich dachte, das heißt hier Pferdehof Behrens!"

„Ponys sind ja auch Pferde", ruft Conni empört. Auf Karlina, Josefina, Amadeus und die anderen Ponys lässt sie nichts kommen.

Verena schaut zu ihrem Vater hinüber. „Ich glaube, ich fahre lieber wieder mit nach Hause."

„Ach was, Prinzessin", sagt er. „Das wird bestimmt schön hier. Probiere es einfach mal aus."

„Prinzessin?", wispert Lars und grinst.

Verena scheint es nicht gehört zu haben.

„Und was, wenn es nicht schön ist?", fragt sie.

„Dann hole ich dich eben wieder ab", sagt ihr Vater und stupst ihr gegen die Nase.

Verena seufzt. Als wäre es ganz schrecklich hierzubleiben.

„Die soll bloß nach Hause fahren", flüstert Liska Conni zu.

Conni grinst. Das Gleiche hat sie auch gedacht. So eine Nörgeltante können sie hier echt nicht gebrauchen.

Aber da öffnet Verena schon den Pferdeanhänger. Und darin steht ein wunderschönes Pferd. Groß und schlank mit schokoladenbraunem Fell. Mähne und Schweif sind pechschwarz.

Verena führt es aus dem Hänger.

Und man kann sehen, wie erleichtert das Tier ist, endlich wieder festen Boden unter den Hufen zu haben.

„Das ist Prinzessin", erklärt Verena. Sie streicht ihrer Stute über die Stirn, auf der ein winziger Stern prangt.

Lars verdreht die Augen. „Noch eine Prinzessin!", raunt er.

„Eine echte Schönheit", übertönt ihn Frau Behrens.

„Nicht wahr?" Verena lächelt stolz.

Jetzt, wo Verena da ist, dürfen sie endlich reiten. Dafür sind sie ja schließlich hier!

Jeder hat sein Lieblingspony. Wobei, Conni hat eigentlich zwei: Die Schimmelstute Karlina hat sie auf dem Reiterhof von Anfang an geritten. Doch die hat nun ein Fohlen. Deswegen nimmt Conni wie auch schon die letzten Male Josefina. Die ist zwar ein wenig faul, aber sonst eins der liebsten und kuschligsten Ponys der Welt!

Anna reitet auf Stern, Liska auf Kaspar, Celina nimmt Bianca. Und Lars führt den pechschwarzen Nero – zuerst zum Putzplatz und dann in die Reithalle. Moritz, der Sohn vom Tierarzt, wohnt ganz in der Nähe. Und hat hier sogar sein eigenes Pony stehen: Max. Den gibt es aber nur im Doppelpack. Denn Max' bester Freund Amadeus, der eigentlich schon zu alt zum Reiten ist, muss immer an seiner Seite sein. So läuft er auch diesmal in der Reithalle neben Max und Moritz her.

„Was soll das denn?" Verena, hoch oben auf ihrem großen Pferd, rümpft die Nase.

Conni beobachtet sie heimlich, während sie durch die Halle traben. Auch wenn die Neue nicht gerade sympathisch ist: Reiten kann Verena, das muss man ihr lassen.

Wo gibt's hier ein Einzelzimmer?

„Vor dem Abendbrot habt ihr noch Zeit, eure Sachen auszupacken", meint Frau Behrens nach der Reitstunde.

Conni und die anderen schleppen ihre schweren Taschen die Treppe hoch. Links davon ist das Jungenzimmer und rechts das Mädchenzimmer. Ein freundlicher, großer Raum mit fünf Betten.

„Hier schlafen wir", erklärt Conni Verena.

„Was? Etwa alle gemeinsam?", platzt Verena heraus.

„Klar, zusammen ist es doch viel schöner", ruft Liska.

„Genau", sagt auch Conni. „Alleine schläfst du immer!"

„Und das will ich jetzt auch!", sagt Verena und dreht sich nach Frau Behrens um, die ihnen tragen geholfen hat.

„Tut mir leid, Verena", erklärt die. „Aber das ist bei uns Tradition. Ihr lernt euch so besser kennen und werdet zu einem echten Team!"

„Ich brauch kein Team", grummelt Verena.

„Einzelzimmer gibt's hier nicht", stellt Frau Behrens klar.

Und damit läuft sie die Treppe hinunter. Die Sache ist für sie erledigt.

Widerwillig schleppt Verena ihre Tasche ins Schlafzimmer.

„Ich nehm das Bett da oben", sagt sie.

Auf dem Stockbett hat es sich eigentlich schon Liska gemütlich gemacht. Sie schaut Verena herausfordernd an. „Ich war zuerst hier. Aber wenn du Bitte sagst, überleg ich es mir vielleicht."

Verena sagt erst einmal gar nichts. Sondern schaut zu dem letzten freien Bett hinüber. Es steht hinten in der Ecke. „Dann nehm ich halt das", zischt sie. Und man hört, wie sauer sie ist.

Liska verdreht die Augen. „Ganz wie du willst!"

Conni setzt sich auf ihr Bett. Ihr wäre es fast lieber, Verena bekäme ein Einzelzimmer …

Celina hat das Bett an der Tür und legt sorgfältig ihre Sachen raus.

„Die anderen wissen schon Bescheid", sagt sie zu Verena. „Ich bin blind und kann nichts sehen."

„Echt?“ Verena reißt die Augen auf. Ihr ist gar nichts aufgefallen.

„Daher bitte nichts auf dem Boden liegen lassen und die Schranktüren schließen“, bittet Celina. „Sonst renne ich garantiert dagegen!“

„O Mann ey“, stöhnt Verena. „Sonst noch was?“

„Nö“, sagt Celina freundlich. „Das war’s schon!“

Schweigend packen sie ihre Sachen aus. Nur Verena lehnt trotzig an der Wand.

„O nein!“, ruft Anna plötzlich. „Ich hab doch was vergessen!“

„Echt? Was denn?“ Conni dreht sich nach ihr um.

Anna wird rot. „Mein Nachthemd!“

„Mhm“, Conni überlegt. „Ich habe nur einen Schlafanzug mit.“

„Ich auch!“, meinen Liska und Celina.

„Was hast du denn noch so dabei?“ Conni stöbert Annas Sachen durch. „Wie wär’s mit dem T-Shirt und der langen Unterhose?“

„Sieht das nicht doof aus?“, murmelt Anna.

„Gar nicht“, sagt Conni. „Fast wie ein Schlafanzug!“

„Ja, voll schick!“ Verena verdreht die Augen. „Frag mich, wieso ihr nicht alle in langen Unterhosen schlaft.“

Anna wird noch röter und stopft ihren behelfsmäßigen Schlafanzug, so schnell es geht, unters Bettzeug.

Während die anderen ihre leeren Koffer und Taschen unter ihre Betten schieben, steht Verenas prallvolle Reisetasche noch immer neben der Tür.

„Willst du denn gar nicht auspacken?“, fragt Conni sie vorsichtig.

„Später vielleicht“, meint Verena gedehnt.

Conni schaut sie an. Hofft die etwa noch immer auf ein Einzelzimmer?

„Abendbrot!“, ruft Herr Behrens von unten.

Und schon stürmen alle ins Esszimmer.

Es gibt Brote zum Selberschmieren und heiße Würstchen. Dazu trinken sie dunkelroten Früchtetee.

Während alle ordentlich zulangen, isst Verena nur ein paar Bissen. Und kaum sind sie fertig, ist sie verschwunden. Dabei räumen eigentlich immer alle gemeinsam ab. Aber Verena ist ja noch neu.

Danach wird wie immer noch etwas gespielt. Conni läuft nach oben, um Verena zu holen.

Textauszug aus dem Buch
„Conni und die Ponys im Schnee“
von Julia Boehme

Auch wenn Verena ein bisschen schwierig ist – die Tage auf dem Pferdehof waren wie immer supertoll!

13. Dezember

Fenstersterne

Die Sterne aus Transparentpapier leuchten wunderschön – auch wenn es draußen grau ist.

Dafür brauchst du:

- buntes Transparentpapier
- eine Schere
- etwas Klebstoff

1 Schneide aus dem Transparentpapier acht gleich große Quadrate zu.

2 Falte jedes Quadrat an den gegenüberliegenden Spitzen zusammen und wieder auseinander

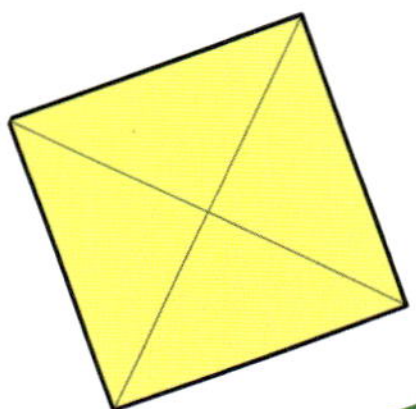

3 Jetzt klappe bei jedem Quadrat zwei Ecken zur Mittellinie.

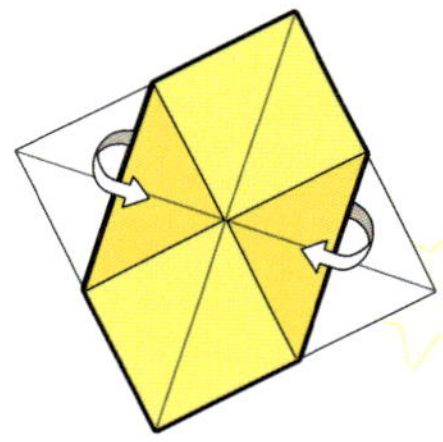

4 Anschließend faltest du die beiden oberen Seiten ebenfalls zur Mittellinie. Jetzt sieht das Papier aus wie eine Eistüte. Wiederhole dies mit den anderen sieben Quadraten.

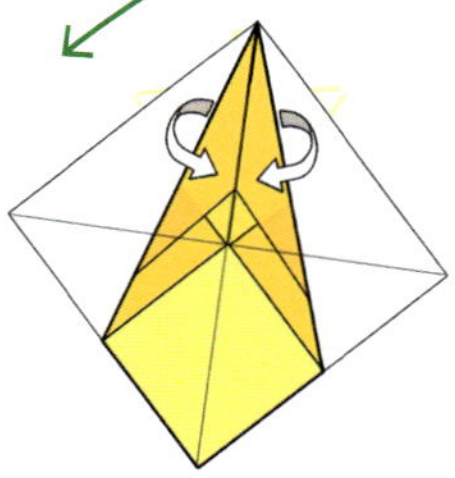

5 Dann faltest du die beiden Kanten links und rechts wie in der Abbildung nach innen und wieder auseinander.

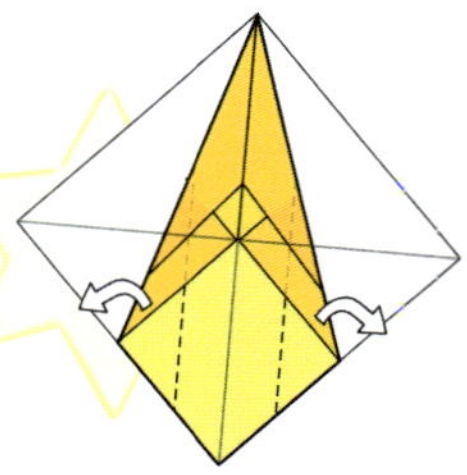

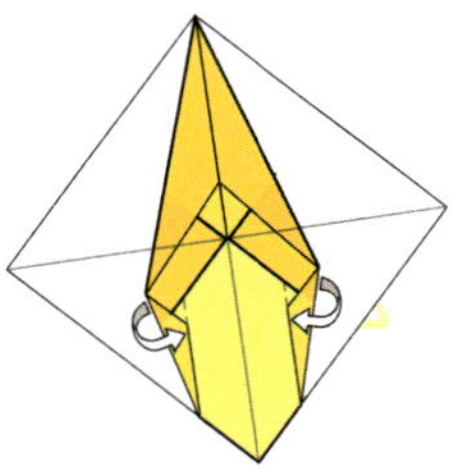

6 Zu dieser Falz kannst du nun die zwei unteren Spitzen nach innen klappen.

7 Jetzt hast du acht Zacken, die du nur noch zu einem Stern zusammenkleben musst.

Was ist das Lucia-Fest?

Am 13. Dezember wird in Schweden das Lucia-Fest gefeiert. Auch in Dänemark, Norwegen und in Teilen Finnlands kennt man dieses Lichterfest, das zum Andenken an die Heilige Lucia begangen wird. Möglicherweise liegen seine Wurzeln sogar noch weiter zurück, aber so genau lässt sich das nicht mehr sagen. Am Lucia-Tag ist es Brauch, dass die jeweils älteste Tochter innerhalb einer Familie als Lucia geht. Dazu trägt sie ein weißes Gewand mit einem roten Band und einen Kranz mit Kerzen auf dem Kopf. Außerdem gehören zu dem Fest auch Prozessionen, bei denen die anderen Mädchen – ebenfalls in weißen Kleidern und mit Kerzen in der Hand – der Lucia folgen. Dazu gibt es ein besonderes Gebäck und die Lucia-Lieder.

Der Stern von Bethlehem

In der Weihnachtsgeschichte folgten die Heiligen Drei Könige einem Stern, der sie bis zum Stall von Bethlehem führte, wo Maria das Jesuskind zur Welt brachte. Oft wird der Stern mit einem Schweif dargestellt – wie bei einem Kometen.

Achtung, Scherzfrage!

Wann kann man weiter sehen: bei Tag oder bei Nacht?

14. Dezember

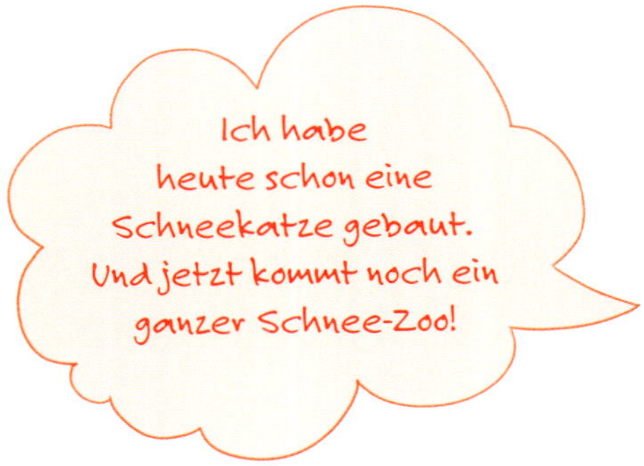

Rein ins Schnee-Getümmel!

Schneeballschlachten, Rodelrennen und Wettbewerbe im Schneemannbauen? Das macht Spaß! Aber es gibt noch jede eine Menge mehr!

Auf Yetis Spuren:

Stapfe mit möglichst vielen Freunden über eine glatte Schneefläche. Und anschließend vergleicht ihr: Wer hat welche Spur hinterlassen? Probiert auch mal aus, ob ihr jeweils genau in den Fußstapfen eures Vorgängers laufen könnt.

Schneeweiße Bilder:

Zeichnet Buchstaben oder Bilder in den Schnee. Du kannst auch einen Schnee-Engel machen. Lege dich dafür kurz in den Schnee und bewege Arme und Beine hin und her. Fallen dir noch andere Schneefiguren ein?

Schnee-Zoo:

Veranstaltet eine Weltmeisterschaft im Schneetierebauen!

Schön süß

Diese Schneemänner sehen nicht nur süß aus, sie schmecken auch so! Spieße mehrere weiße Marshmallows auf eine Salzstange. Brich Salzstangenstückchen ab und pieke sie als Arme, Füße und Nase in den Schneemann. Male mit Schokoladenglasur oder essbaren Farben Gesicht, Schal und Knöpfe auf.

Dafür brauchst du:

- weiße Marshmallows
- einige Salzstangen
- etwas Schokoglasur aus der Tube oder Bio-Lebensmittelfarben

Billis Eltern kommen aus Italien. Da gibt es die Bescherung nicht an Heiligabend, sondern erst am 25. Dezember.

Und am 6. Januar füllt Befana, die Frau vom Weihnachtsmann, Schuhe und Stiefel wie hie der Nikolaus!

Woanders ist es auch schön

Weihnachten feiert man in vielen Teilen der Welt. Doch die Gebräuche rund um das Fest unterscheiden sich voneinander. Jedes Land hat seine Traditionen und so gibt es auch verschiedene Arten, das Weihnachtsfest zu feiern.
Bei uns bringt der Weihnachtsmann die Geschenke oder auch das Christkind.
In Schweden dagegen verteilen Tomte, Nisse und Tomtebisse Geschenke – drei Kobolde, denen Schüsseln mit Milchbrei vor die Tür gestellt werden.
In Russland bringt Väterchen Frost die Gaben, aber erst am 7. Januar.
Auf Island gibt es gleich 13 Weihnachtsgeister. Vom 12. Dezember bis Weihnachten bringt an jedem Tag einer der Geister ein kleines Geschenk.
In England werden die Geschenke am 25. gebracht. Einen Tag vorher wird ein Weihnachtspudding mit einer Münze darin serviert. Wer die Münze erwischt, darf sich etwas wünschen.

Aus England stammt der alte Brauch, am Abend vor Weihnachten Socken an den Kamin zu hängen. Die werden dann in der Nacht befüllt.

15. Dezember

Warum ein Weihnachtsbaum?

Bereits im alten Ägypten und bei den Römern glaubten Menschen daran, dass immergrüne Pflanzen, also Pflanzen, die auch im Winter ihr Blattwerk behalten, über besondere Kräfte verfügen. Sie sollten böse Geister vertreiben, Lebenskraft verleihen oder galten als Vorboten für den Frühling. Der Brauch, zu Weihnachten einen Tannenbaum aufzustellen und zu schmücken, ist jedoch noch recht neu. Erst im Laufe des 19. Jahrhundert verbreitete sich diese Sitte von Deutschland aus in viele andere Teile der Welt.

Lorbeerzweige sind auch im Winter grün.

Geschmückte Weihnachtsbäume sehen richtig festlich aus. Aber wenn die Festtage vorbei sind, schmücken spätestens am Dreikönigstag, dem 6. Januar, die meisten ihre Tannenbäume wieder ab und stellen sie raus. Meist werden die Bäume dann zu den Pflanzenabfällen transportiert. Es geht aber auch anders! Ihr könnt Tannenbäume im Topf kaufen, die später im Garten eingepflanzt werden. Mittlerweile kann man solche Tannenbäume sogar mieten. Manche Menschen suchen sich auch im Wald, im Park oder im Garten eine schöne Tanne und schmücken diese für die Feiertage. Dafür muss sie gar nicht gefällt werden. Und andere stellen sich auch sogenannte Leiterbäume auf. Das Beste daran: Sie nadeln nicht!

Auch Leiterbäume können festlich aussehen.

Dieser Baum hat noch seine Wurzeln und kann nach Weihnachten wieder eingepflanzt werden.

Wer bleibt auch im Winter grün?

Kiefern, Tannen und Fichten behalten ihre Nadeln, wenn es kalt wird. Im Gegensatz zu den Blättern von Laubbäumen, die im Herbst von den Bäumen fallen, sind ihre Nadeln viel kleiner und so besser vor Kälte und Frost geschützt. Nur die Lärche wirft ihre Nadeln ab, wenn es Herbst wird. Deshalb eignet sie sich auch nicht als Weihnachtsbaum. Dafür nimmt man bei uns vor allem Tannen.

Als Weihnachtsschmuck kannst du Fichten- oder Kiefernzapfen sammeln, sie zum Trocknen auf die Heizung legen und danach bunt anmalen. Sehr hübsch sieht das aus!

Fichten können bis zu 60 Meter hoch werden.

Lärche im Herbst

Es gibt einen Nadelbaum, der seine Nadeln abwirft. Kennst du ihn?

a. Amsel
b. Lärche
c. Meise

16. Dezember

Winterlicher
Lesespaß mit:
„Conni und die
Ponys im Schnee"
von Julia Boehme

Was bisher geschah ...

Wir haben auf dem Ponyhof zusammen Silvester gefeiert.
Das war toll! Aber fast noch besser war der Tag danach ...

Schnee, Schnee, Schnee!

Puh, ist das kalt. Im Halbschlaf zieht Conni die Decke hoch, bis fast nur noch ihre Nasenspitze herausguckt. Sie blinzelt. Für einen winzigen Moment muss sie überlegen, wo sie überhaupt ist. Zu Hause jedenfalls nicht. Aber dann fällt es ihr blitzartig ein: Sie ist auf dem Ponyhof. Gestern hat sie mit Anna, Liska, Moritz, Lars, Celina und Verena Silvester gefeiert. Und heute ... ist der erste Tag des neuen Jahres!

Conni schaut sich um. Alle schlafen noch. Dabei scheint draußen längst die Sonne. Und zwar so richtig. Das kann Conni selbst durch den geschlossenen Vorhang sehen. Leise steht sie auf und schiebt die Gardinen ein bisschen zur Seite. Sofort kneift sie die Augen zu: Ist das grell!

„Schaut euch das an!“, ruft sie dann.

Anna, Liska, Verena und Celina räkeln sich in ihren Betten.

„Musst du uns wecken?“, brummelt Verena ärgerlich.

„Ja, klar!“, findet Conni. „Guckt doch mal raus!“

„Und was siehst du?“, fragt Celina müde. Sie kann ja nicht sehen.

„Es hat geschneit!“, jubelt Conni.

„Und wie!“ Liska hat sich als Erste aus dem Bett geschält und steht nun auch am Fenster. „Alles ist weiß!“

„Dann los, nichts wie raus!“, ruft Anna und stürmt ins Bad.

Jetzt ist auch Celina richtig wach. Und selbst Verena riskiert einen Blick.

„Ihr könnt ja gehen“, meint sie gelangweilt. „Ich bleib noch liegen.“

Mal wieder typisch. Aber den anderen ist es egal. In Windeseile sind sie angezogen. Unten in der Diele ziehen sie noch Stiefel und Jacken an und mummeln sich in ihre Schals.

Conni läuft als Erste raus und hat – wlatsch! – eine Fuhre Schnee im Gesicht.

Bah! Selbst im Mund ist Schnee!

„Manno, was soll das?“, flucht sie und duckt sich schnell, als der nächste Schneeball an ihr vorbeizischt.

„Diese verflixten Jungs!“, grummelt Anna.

„Hätte nicht gedacht, dass die schon wach sind“, sagt Liska.

Conni schaut sich um. „Wo stecken die nur?“

„Seid mal leise“, flüstert Celina.

Conni lauscht. Aber sie hört nichts. Es ist ganz still. Nur eins der Ponys schnaubt von ferne.

Celinas Ohren sind viel feiner.

„Dort drüben!“, ruft sie und wirft einen Schneeball in Richtung Regentonne.

„Mist, sie haben uns entdeckt!“ Moritz und Lars springen hinter der Tonne hervor und greifen an. Eine ganze Ladung Schneebälle liegt schon bereit. Da sind die Mädchen natürlich im Nachteil.

„In Deckung!“, ruft Conni und packt Celinas Hand. Gemeinsam laufen sie ums Haus und verstecken sich hinter einem Holzstapel. Anna und Liska kommen rasch nach. Hier sind sie erst einmal sicher. Wenn die Jungs sie angreifen wollen, müssen sie hinterher. Und all ihre Munition können sie bestimmt nicht mitnehmen.

Rasch formen die Mädchen Schneebälle. Die Jungs sollen schließlich gebührend empfangen werden.

„Hätte ich bloß meine Handschuhe!“, seufzt Conni. Doch die liegen in der Diele. Und jetzt nach dem fünften Schneeball sind ihre Hände wie tiefgefroren.

Liska scheint das nichts auszumachen. Und Anna hat ihre Handschuhe an. Genau wie Celina.

Die Jungs lassen auf sich warten. Merkwürdig! Warum kommen die denn nicht? Haben die etwa keine Lust mehr?

Conni linst um die Ecke und bekommt – zack! – einen Schnellball in den Nacken.

„Sie sind hinter uns“, brüllt sie. „Angriff!“

Jetzt fliegen die Schneebälle nur so hin und her.

Celina kichert. Sie kann zwar nicht sehen, ob sie trifft oder nicht. Aber selbst ihr macht es Spaß. Und was für einen!

„Guten Morgen! Da seid ihr ja alle!“ Frau Behrens stapft über den Hof. „Wollt ihr denn heute gar nicht frühstücken?“

Aber klar wollen sie das! Und nach so einer Schneeballschlacht haben alle erst recht Hunger.

Vor dem Essen lässt sich Conni im Bad warmes Wasser über die Hände fließen. Damit sie die steif gefrorenen Finger überhaupt wieder spüren kann.

Dann setzt sie sich zu den anderen an den Frühstückstisch.

Auch Verena hat sich inzwischen aus dem Bett gequält.

Lars schmiert sich fingerdick Schokocreme auf sein Brot. Und als er abbeißt, hat er einen dunklen Schnurrbart.

Conni kichert. „Du siehst ja schick aus!“

„Sieht nicht nur gut aus, sondern schmeckt auch lecker!“, meint Lars und schleckt sich seinen Bart wieder ab.

Das muss Conni natürlich auch gleich probieren. Und kleistert sich ebenfalls ordentlich Schokocreme aufs Brot.

Nach dem Frühstück laufen sie zu den Ponys. Fast alle sind draußen und toben im Schnee. Sie scheinen sich genauso darüber zu freuen wie Conni und ihre Freunde.

Auch Karlina trabt fröhlich schnaubend über die Weide. Das sieht lustig aus, denn Connis Lieblingspony ist so weiß wie der Schnee! Dann legt sich Karlina auf einmal hin und wälzt sich im Schnee hin und her.

Conni lacht. „Na, das gefällt dir!“

Karlina schnaubt wohlig und wälzt sich gleich noch mal, bevor sie aufsteht. Dann schüttelt sie sich, dass die Schneeflocken nur so fliegen.

„He“, kichert Conni und wischt sich übers Gesicht.

Auch die anderen Ponys scheinen den Schnee zu lieben. Bloß die kleine Lieselotta bleibt im Stall zurück. Für das Fohlen ist es der allererste Schnee. Verwundert schaut es raus auf die Wiese: Die war doch sonst immer grün. Was ist da bloß passiert?

„Komm, Lieselotta!“, versucht Conni die Kleine nach draußen zu locken.

Doch die bleibt mit allen vier Hufen lieber sicher im trockenen Stall. Von dort lugt sie nach draußen und schnuppert neugierig an dem weißen Zeug. Es riecht nicht nach Gras – so viel ist klar. Vorsichtig stupst sie mit der Nase gegen die weiche Schneedecke und springt erschrocken zurück. Ist das kalt!

„He, Lieselotta!“, ruft Conni.

Aber das Fohlen ist im Stall verschwunden. Erst einmal scheint es genug vom Schnee zu haben.

Conni klettert über den Zaun und läuft ihm hinterher.

„Schau doch mal die anderen Ponys an“, sagt sie. „Die finden den Schnee toll!“

Lieselotta ist das egal.

„Deine Mama auch“, erklärt Conni. „Probier’s mal aus: Der Schnee macht dir bestimmt Spaß!“

Doch das Fohlen weicht noch einen Schritt tiefer in den Stall zurück. Conni ist ratlos. Aber da bekommt sie Hilfe. Karlina trabt in den Stall. Die Mama stupst ihr Kleines an und treibt es so zur Stalltür. Dort stemmt Lieselotta alle vier Hufe in den Boden. Weiter geht sie nicht. Auf gar keinen Fall!

Die Mutter lässt nicht locker. Sie stupst das Fohlen noch einmal an. Dann läuft sie vor seinen Augen in den Schnee und wiehert ihm aufmunternd zu.

Lieselotta regt sich nicht. Dann hebt sie auf einmal den rechten Huf und setzt ihn ganz vorsichtig in den Schnee. Sie wartet ein wenig, und als nichts weiter Schlimmes passiert, wagt sie sich schließlich – Schritt für Schritt – nach draußen.

Dabei hebt sie ihre Beine, so hoch es geht. So stakst sie durch den Schnee. Conni muss lachen. Das sieht zu komisch aus!

Karlina wälzt sich noch einmal. Wahrscheinlich um ihrem Fohlen vorzumachen, wie schön das ist. Doch das spart sich Lieselotta für später auf. Es ist Abenteuer genug, durch diese komische weiße Pampe zu laufen. Die ist ganz schön kalt und nass. Und fressen kann man die auch nicht. Hoffentlich ist der Spuk morgen vorbei und das leckere grüne Gras wieder da!

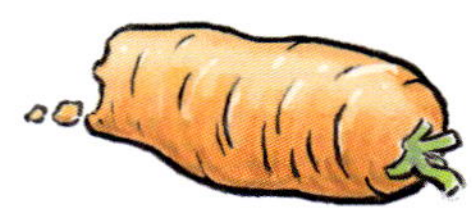

Ein Schneemann ohne Nase

„So, wo alle Ponys draußen sind, können wir prima ausmisten!“, sagt Frau Behrens. „Heute wird die komplette Einstreu erneuert. Also ran an die Mistgabeln!“

Lars macht ein langes Gesicht. „Und wann reiten wir?“, fragt er.

Conni spitzt die Ohren. Das will sie natürlich auch wissen.

Weswegen sind sie sonst hier?!

„Lasst die Ponys sich noch ein bisschen im Schnee austoben“, sagt Frau Behrens, „damit sie nachher brav sind, wenn wir unseren Ausritt machen.“

„Ein Ausritt im Schnee?“, ruft Conni begeistert.

„Na, was habt ihr denn gedacht?“ Frau Behrens hebt lachend die Arme. „Wenn es schon mal schneit, müssen wir das doch ausnutzen!“

„Juhu!“, jubeln alle. So laut, dass die Ponys erschrocken ihre Köpfe heben.

Jetzt geht das Ausmisten gleich doppelt so schnell. Das alte Heu kommt auf den Misthaufen und neues in den Stall.

Alle packen mit an, damit sie so bald wie möglich losreiten können.

Alle?

„Wo ist denn Verena?“, fragt Herr Behrens auf einmal.

Conni schaut sich um. Verena ist nicht zu sehen. Und keiner hat sie vermisst. Conni muss schlucken. Ob Verena weiß, wie unbeliebt sie ist? Aber sie ist ja auch selbst schuld – so wie sie sich benimmt. Oder?

Später finden sie Verena im Wohnzimmer, wo sie es sich auf dem Sofa gemütlich gemacht hat.

„Wer reiten will, muss auch helfen“, sagt Frau Behrens streng.

„Ich reite aber nicht auf Ponys“, erklärt Verena. „Wieso sollte ich dann deren Dreck ausmisten?“

„Heute wirst du schon auf einem Pony reiten müssen“, sagt Frau Behrens.

„Wieso?“ Verena runzelt die Stirn.

„Weil wir heute einen Ausritt machen. Im Schnee!“ Frau Behrens strahlt.

„Und was ist mit Prinzessin?“, fragt Verena.

„Die hat, wie ich gesehen habe, noch keine Winterbeschläge.“ Frau Behrens hebt bedauernd die Hände. „Da kann sie beim Ausritt leider nicht mit.“

„Ich reite nicht auf Ponys!“, ruft Verena. „Und ich will, dass der Hufschmied kommt.“

„Heute ist Feiertag, da kommt der schon mal nicht“, sagt Herr Behrens. „Und außerdem müssen wir das mit deinen Eltern absprechen.“

Verena tippt auf ihrem Handy herum.

„Hallo, Papa“, sagt sie. „Du, ich brauch ... Ja, ja, frohes neues Jahr. Also, ich brauche Winterbeschläge für Prinzessin. Kann ich den Hufschmied bestellen? Ja?! Papa, du bist der Beste! Tschüss!“

Verena schiebt ihr Handy in die Hosentasche und schaut sich triumphierend um. „Ich darf. Papa bezahlt's.“

„Das hätten wir aber lieber selber mit ihm besprochen“, sagt Frau Behrens. „Na, ich werde ihn sicherheitshalber noch mal anrufen, bevor wir dem Hufschmied Bescheid geben.“

„Wenn's sein muss“, grummelt Verena.

„Wie auch immer“, fährt Frau Behrens fort. „Heute gibt es einen Ausritt nur auf Ponys. Ich zeig dir mal, welches wir für dich ausgesucht haben.“

„Nein danke, kein Interesse!“, sagt Verena. „Da bleibe ich lieber hier.“

„Sicher?“, fragt Frau Behrens.

„Ganz sicher.“ Verena verschränkt die Arme. „Ohne Prinzessin wird das nichts.“

Die Behrens schauen sich an.

„Dann reite du allein mit den Kindern aus“, meint Frau Behrens zu ihrem Mann.

„Ich brauche keinen Babysitter“, protestiert Verena.

Trotzdem bleibt Frau Behrens bei ihr zu Hause. Dabei wäre sie bestimmt lieber mitgekommen.

„Ich kann Verena echt nicht verstehen“, flüstert Conni Anna zu.

„Ich auch nicht!“, sagt Anna. „Einen Ausritt im Schnee! Wann gibt's den schon?“

Die beiden strahlen sich an. „Los, wir holen unsere Sachen!“

Wenig später ist es so weit: Die Ponys sind aufgezäumt und gesattelt.

„Aufsitzen!“, ruft Herr Behrens. Er nimmt Celinas Pony am Strick und reitet los.

Conni schwingt sich in den Sattel. „Dann wollen wir mal, Josefina!"

Allerdings will anscheinend nur Conni, Josefina bleibt erst einmal stehen.

„Ist ja klar, wer das Schlusslicht ist", lacht Lars und trabt auf seinem Nero an Conni vorbei. Dicht gefolgt von Moritz auf Max.

„Wir holen schon noch auf!", behauptet Conni und tätschelt Josefinas Hals. „Na, komm!"

Und wirklich: Josefina trottet langsam los.

„Geht das nicht schneller?", ruft Liska von hinten.

„Lauf, Josefina!" Conni versucht ihr Pony anzutreiben. Doch Josefina mag es lieber gemütlich und behält ihr Tempo bei.

„Mach mal Platz!", ruft Anna da.

Und schon haben Liska und sie Conni überholt.

„Menno, Josefina!" Doch Conni kann tun, was sie will, Josefina trödelt den anderen hinterher. Die Lücke zwischen Anna und ihr wird immer größer.

Was soll's, tröstet sich Conni. Selbst wenn die anderen außer Sicht geraten, an den Spuren kann sie ganz einfach ablesen, wohin sie geritten sind.

Sie schaut über die verschneiten Wiesen. Die Tannen haben weiße Zipfelmützen auf und auf den Mauern liegen dicke Federbetten.

„Guckt mal!", ruft Conni plötzlich.

Nicht weit vom Wegrand steht ein großer Schneemann mit einem lachenden Mund aus Kieselsteinen und einer langen Möhrennase.

Conni will etwas dichter heranreiten, um ihn sich genauer anzuschauen. Auch Josefina scheint der Schneemann zu gefallen. Endlich gibt sie Tempo und trabt mit einem Mal los.

„Brav, weiter so", lobt Conni ihr Pony. Doch dann wird ihr mit einem Schlag klar, was Josefina vorhat.

„Nicht!", ruft sie. „HALT!"

Aber zu spät: Das Pony schnappt zu. Schon hat es die Schneemannnase im Maul und kaut genüsslich.

„Der arme Schneemann", seufzt Conni.

Doch dem scheint es nichts auszumachen. Ob Nase oder nicht – er lacht immer noch.

Textauszug aus dem Buch „Conni und die Ponys im Schnee" von Julia Boehme

17. Dezember

Kleine Geschenkschachtel

Die ersten vier Schritte sind dazu da, Falzkanten zu knicken, mit deren Hilfe du dann die Schachtel exakt falten kannst. Nach jedem dieser Schritte faltest du das Papier wieder auseinander.

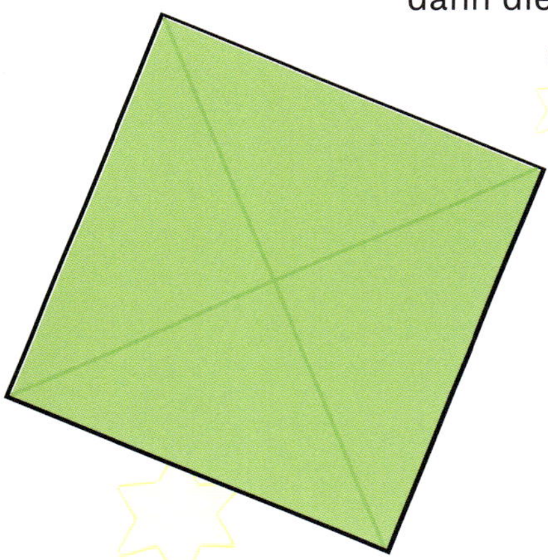

1 Lege jeweils die gegenüberliegenden Ecken aufeinander und falte sie, sodass eine diagonale Linie entsteht.

2 Falte alle vier Ecken zum Mittelpunkt des Papiers.

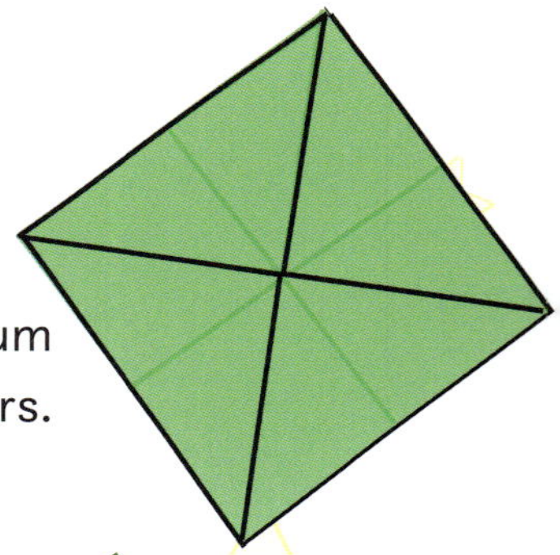

3 Knicke nun eine Ecke zur gegenüberliegenden Seite um, und zwar bis zur äußersten Falzkante. Verfahre ebenso mit den anderen drei Ecken.

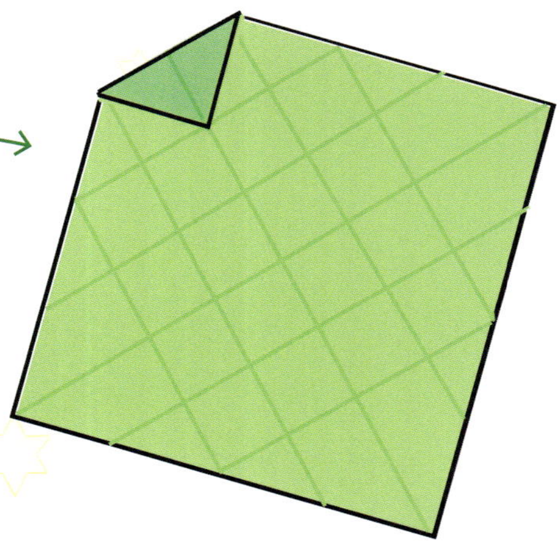

4 Knicke nun alle vier Spitzen an der ersten Faltkante nach innen um.

5 Schneide an zwei gegenüberliegenden Seiten das Papier ein, wie auf dem Bild zu sehen.

6 Falte nun die beiden anderen gegenüberliegenden Spitzen nach innen zum Mittelpunkt.

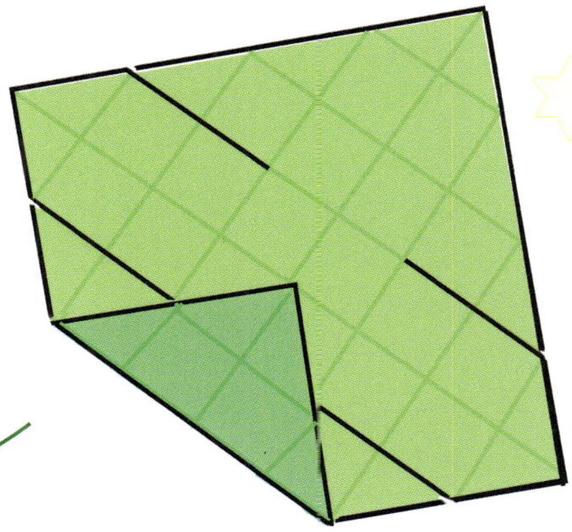

7 Stelle die so entstehenden Seitenteile auf, sodass ein Viereck entsteht.

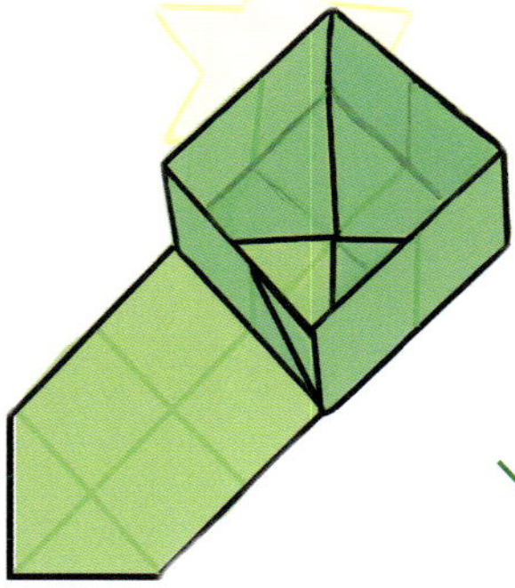

8 Klappe die Außenteile nach innen um.

9 Die so entstehende Schachtel kannst du nun mit einem Deckel versehen. Diesen faltest du ebenso aus einem Quadrat, das aber etwas kleiner ist als das erste.

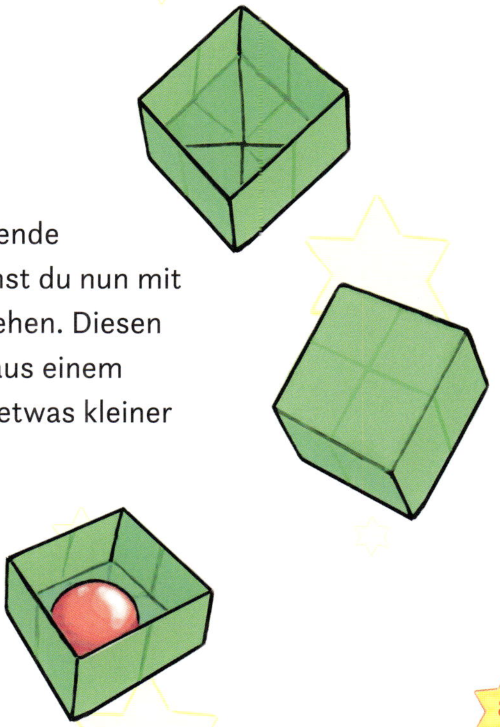

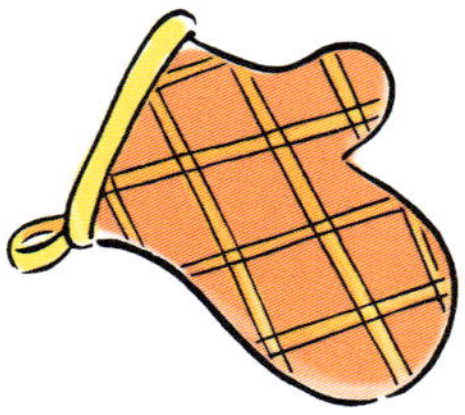

Mmmh …
Marzipan!

Dafür brauchst du:

- 150 g Marzipanrohmasse
- 2 TL Puderzucker
- etwas Kakaopulver (echter Kakao)

Marzipankartoffeln sind eine tolle Weihnachtsnascherei. Knete die Marzipanrohmasse und den Puderzucker kräftig durch. Anschließend formst du aus dem Marzipanteig kleine Kugeln. Wälze die Kugeln dann in einer Schüssel mit Kakaopulver, bis sie überall bedeckt sind. Richte die Marzipankartoffeln nun auf einem Teller nett an.

Anstelle von Marzipankartoffeln kannst du auch andere Figuren formen – zum Beispiel Igel, deren Stacheln aus Mandelsplittern bestehen. Oder du machst Schneemänner aus Kugeln, die du vorher in Puderzucker gewälzt hast.

Du kannst die Marzipankartoffeln auch verschenken. Am schönsten ist das in einer selbst gebastelten Schachtel. Die Anleitung dafür findest du auf Seite 88/89.

18. Dezember

Noch schöner als Plätzchen backen: sie später mit seinen Freunden auffuttern!

Mandalas

Zeichne den Umriss eines Tellers auf Papier. Dann ziehst du mit einem Lineal drei Striche durch den Kreis wie in der Abbildung unten. Nun legst du verschiedene Ausstechförmchen darauf und zeichnest sie nach, bis ein Mandala mit Muster entsteht. Es macht auch Spaß, wenn du mit deinen Freunden Mandalas anfertigst und ihr diese zum Ausmalen untereinander tauscht.

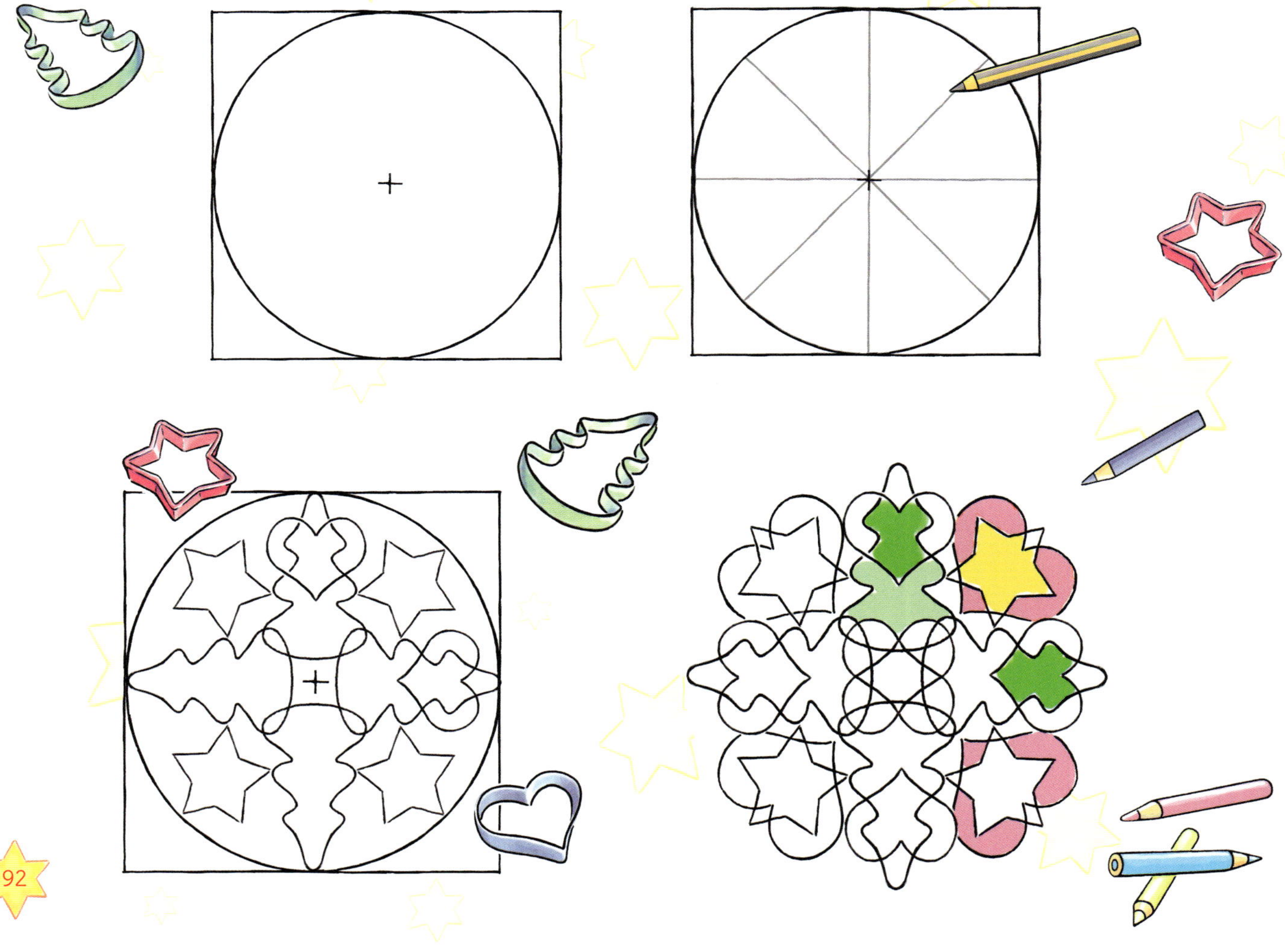

Auf dem Weihnachtsmarkt

Bereits vor mehreren Hundert Jahren wurden auf Marktplätzen, vor Kirchen oder Schlössern Christkindl- oder Weihnachtsmärkte abgehalten. Die heutigen Märkte unterscheiden sich gar nicht so sehr von denen früher. In kleinen Buden werden Lebkuchen, Weihnachtspunsch, geröstete Mandeln, Esskastanien und andere Leckereien angeboten. Es gibt Stände mit Handwerkskunst und Spielzeug, Krippen und allem möglichen Weihnachtsschmuck. Was findest du am Weihnachtsmarkt am schönsten?

Schokofrüchte

Dafür brauchst du:

- dunkle Schokolade
- etwas Milch
- etwas Sahne
- Obst
- längere Holzspieße, Gabeln oder Fonduegabeln

Wasche, schäle und schneide verschiedene Früchte in kleine Stücke.
Zerbröckele die Schokolade und bringe sie dann bei niedriger Hitze in einem Topf mit etwas Milch zum Schmelzen. Am besten machst du das zusammen mit einem Erwachsenen.
Rühre regelmäßig um, damit nichts anbrennt. Wenn die Schokolade ganz geschmolzen ist, gib einen Schuss Sahne dazu und stelle die dickflüssige Masse dann auf den Tisch.
Spieße nun ein Obststück auf die Gabel und tunke es in die Schokolade, ähnlich wie bei einem Fondue.
Guten Appetit!

19. Dezember

Papier-Portemonnaie

1 Falte ein Blatt Papier (DIN A4) von beiden Seiten in der Mitte. Schlage die Faltkanten jeweils wieder auf und lege das Papier hochkant vor dich hin.

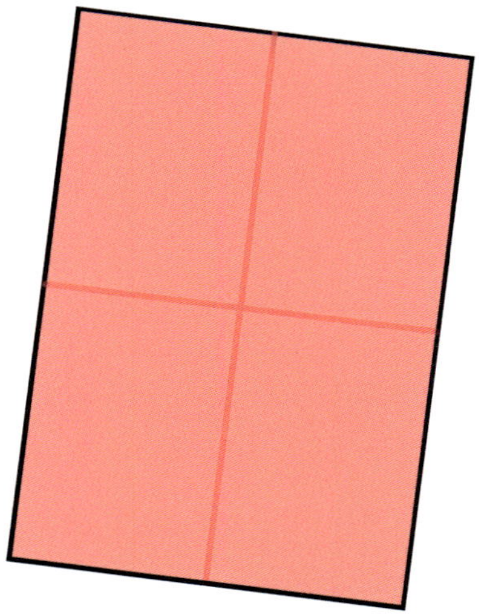

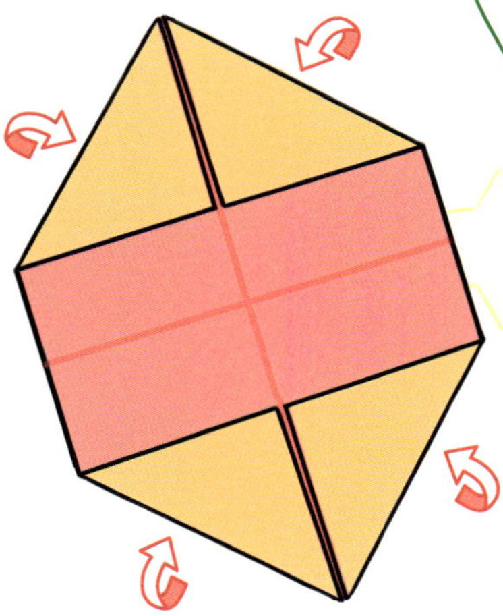

2 Knicke alle äußeren Ecken zur Mitte hin um.

3 Nun faltest du die beiden Spitzen (oben und unten) nach innen um, wie auf dem Bild zu sehen.

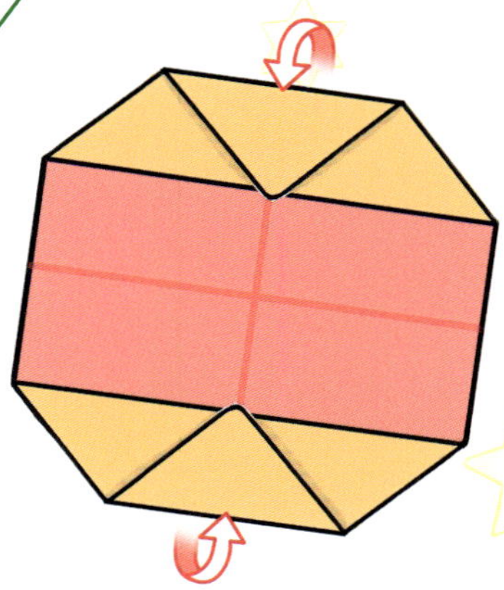

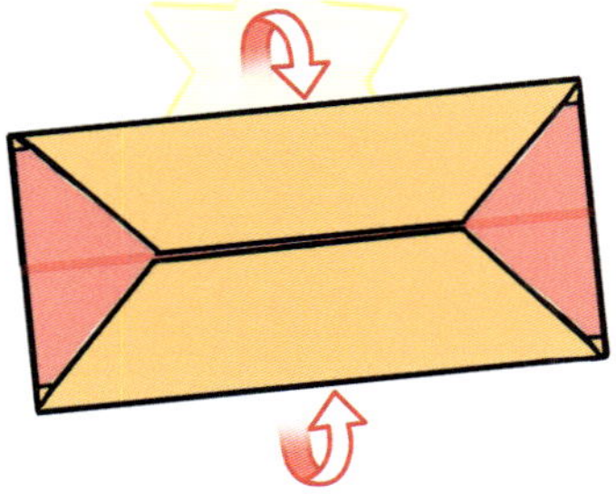

4 Falte die untere und die obere Seite nun erneut zur Mitte hin um.

5 Nun schlägst du die beiden Außenseiten nach hinten um, sodass sich die Kanten in der Mitte treffen. Anschließend faltest du das Papier in der Mittellinie nach hinten um.

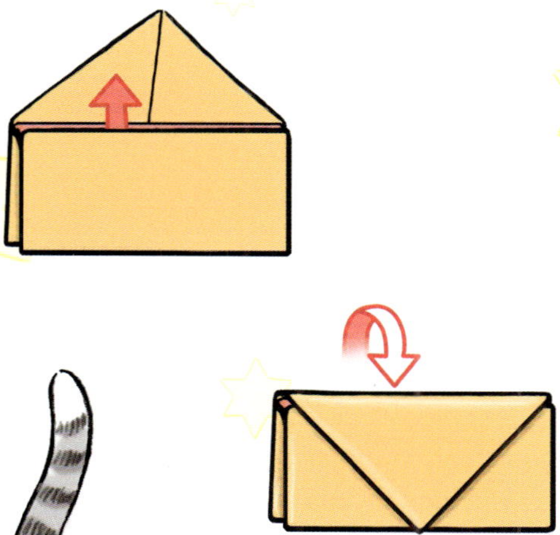

6 Ziehe nun die Spitze hinten heraus und schlage sie als „Verschluss“ für deine Geldbörse um.

Freundschaftsengel

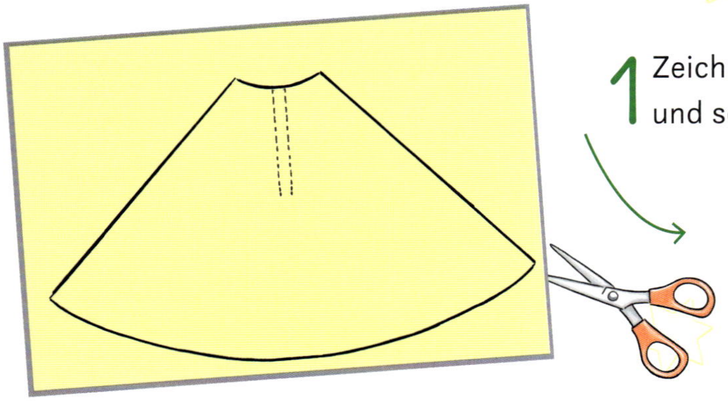

1 Zeichne diese Form auf Tonpapier und schneide sie aus.

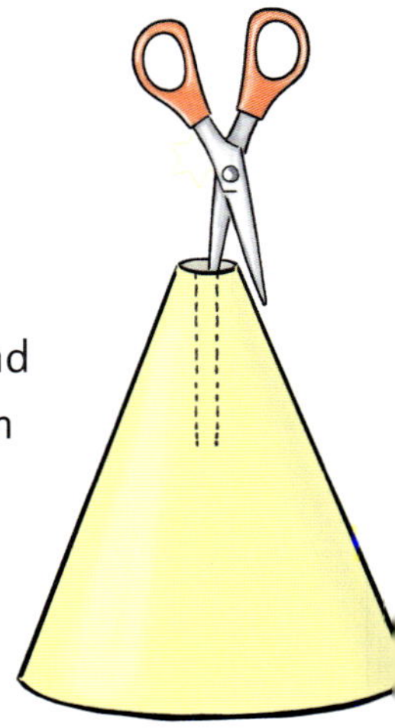

2 Rolle das Papier zu einem Kegel zusammen und klebe es innen und außen fest. Schneide das Papier dann von oben zweimal ein.

3 Zeichne pro Engel je zwei gleichgroße Flügel auf Transparentpapier und schneide sie aus. Lege die Flügel übereinander und klebe sie zusammen.

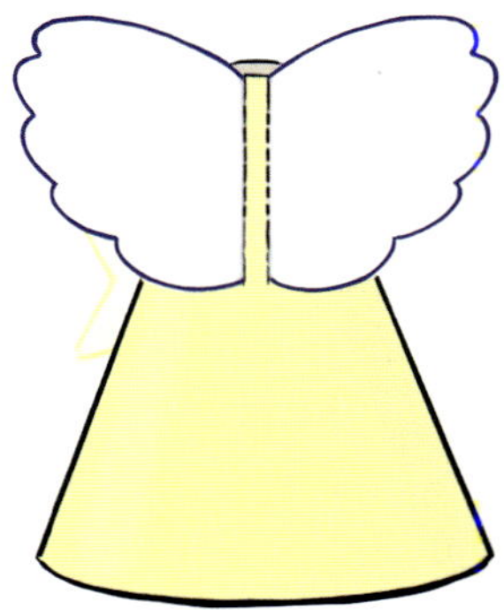

4 Stecke die Flügel in den Schlitz des Engels und befestige sie mit Klebeband.

5 Umwickle eine Haselnuss mit einem Papiertaschentuch, sodass „Kopf“ und „Hals“ entstehen.

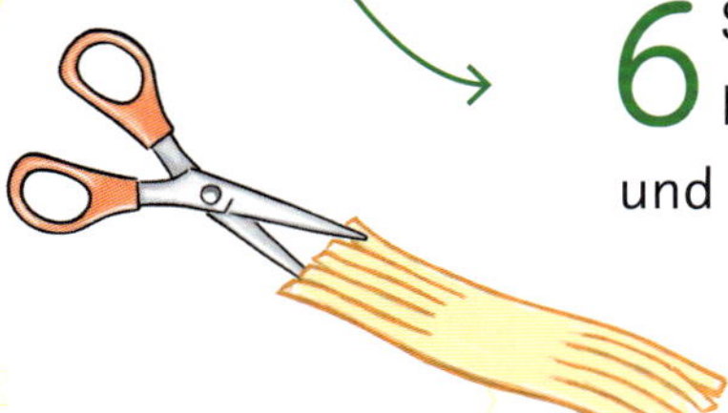

6 Stecke den Hals oben in den Kegel. Klebe Haarstreifen aus Papier an und stelle den Engel auf.

20. Dezember

Connis großes Weihnachtsquiz

1 Wer bringt den Kindern dem Volksbrauch nach an Weihnachten die Geschenke?

a. das Christkind
b. der Klapperstorch
c. der Yeti

2 Welche Tiere ziehen der Sage nach den Schlitten des Weihnachtsmanns?

a. Pferde
b. Yaks
c. Rentiere

3 In Spanien bringen die Heiligen Drei Könige die Geschenke. An welchem Tag?

a. 23. Juni
b. 6. Januar
c. 1. April

4 Wenn in Australien Weihnachten gefeiert wird, ist es dort …

a. Frühling
b. Winter
c. Sommer

5 Wann wurden die Kinder im Mittelalter mit Geschenken bedacht?

a. am 6. Dezember, dem Nikolaustag
b. am 21. Dezember, zur Wintersonnenwende
c. zu Ostern

6 Wie kommt in England der Weihnachtsmann ins Haus?

a. durch die Haustür
b. durch den Kamin
c. durch den Keller

Kater Mau und Kollegen müssen da schon etwas länger nachdenken. Aber du löst die Fragen sicher im Handumdrehen.

Federleichte Weihnachtssterne

Dafür brauchst du:

- 10 bis 15 weiße Butterbrottüten (aus Papier)
- einen Klebestift
- eine Schere
- eine Schnur

Diese Sterne sehen großartig aus – und sie sind ganz einfach zu basteln!

1 Lege eine Papiertüte vor dich hin. Die schmale, geschlossene Seite (= der Falz) zeigt dabei zu dir.

2 Bestreiche die Tüte nun mit Klebstoff, und zwar längs an der geschlossenen Kante entlang sowie einen Strich nach oben Richtung Öffnung, sodass ein T entsteht.

3 Lege die nächste Papiertüte darauf – wieder so, dass der Falz zu dir zeigt. Bestreiche sie ebenfalls mit Klebstoff und wiederhole das Ganze, bis du alle Tüten aufeinandergeklebt hast.

4 Schneide nun oben an den Seiten Bögen oder Dreiecke aus und klappe die Tüten auseinander.

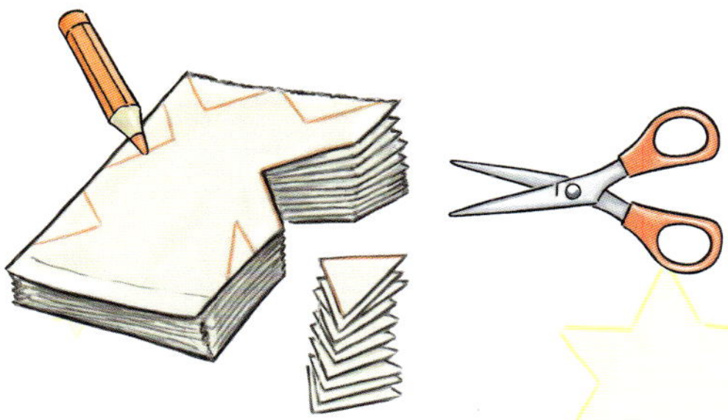

5 Ist der Stern geöffnet, werden die erste und die letzte Tüte auch wieder zusammengeklebt. Aber vorher klebst du noch ein Band hinein, damit du den Weihnachtsstern auch gut aufhängen kannst.

Schön verpackt

Wer freut sich nicht über ein Geschenk? Besonders wenn die kleine Aufmerksamkeit auch noch hübsch verpackt ist! Stelle doch dein eigenes Geschenkpapier her: Damit kannst du jedes deiner Geschenke garantiert ganz einzigartig verpacken!

Am einfachsten ist es, wenn du große Bögen Packpapier mit Fingerfarben betupfst, mit Kartoffeln bedruckst, mit Buntstiften oder Wasserfarben bemalst oder mit ausgeschnittenen Motiven aus Zeitschriften oder Magazinen beklebst. Du kannst auch Ausstechförmchen verwenden, um die Umrisse der Formen nachzuzeichnen.

Beim Kartoffeldruck wird ein Teil der Kartoffelhälfte weggeschnitzt. Es bleibt nur das stehen, was du drucken willst – wie zum Beispiel dieser Tannenbaum.

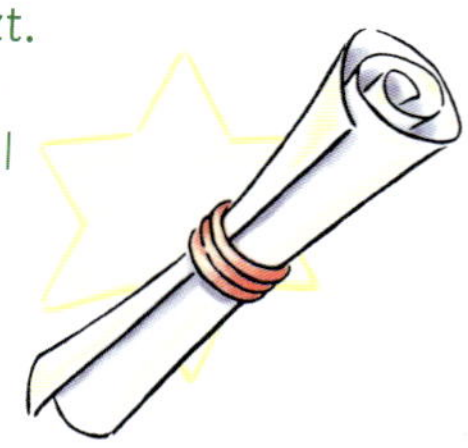

Du kannst auch Ausstechförmchen auf Filz legen, die Umrisse nachzeichnen und sie dann ausschneiden. Klebe die Motive auf das Packpapier und schon hast du eine ganz besondere Geschenkverpackung.

21. Dezember

Wintersonnenwende

Seit Jahrtausenden wird die Wintersonnenwende gefeiert, ebenso wie übrigens auch die Sommersonnenwende. Auf der Nordhalbkugel der Erde ist der 21. Dezember der kürzeste Tag des Jahres. Am 21. Juni wiederum scheint die Sonne am längsten. Auf der Südhalbkugel ist es genau umgekehrt! Da ist der 21. Dezember der längste und der 21. Juni der kürzeste Tag.

Stonehenge liegt in Südengland und wurde vor etwa 5000 Jahren erbaut. Zu den Sonnenwenden fällt das Licht in einem besonderen Winkel zwischen die Steine. Der Eingang der Stätte zeigt genau in die Richtung, in der die Sonne zur Sommersonnenwende aufgeht bzw. zur Wintersonnenwende untergeht.

Auch die Germanen und Kelten feierten bereits das Wintersonnenfest, auch Julfest genannt.

Heute machen wir zu Hause einen Familien-Kinoabend. Und dafür brauchen wir natürlich Popcorn!

Süß oder salzig?

Wie magst du Popcorn lieber? Wenn es süß oder wenn es salzig ist?

Gib zwei bis drei Esslöffel Öl in einen Topf. Bedecke den Boden des Topfes dann gleichmäßig mit Maiskörnern. Lege nun den Deckel auf den Topf und erhitze das Popcorn. Sobald es im Topf knallt, poppt der Mais auf und du kannst den Herd ausstellen. Sobald das Knallen aufgehört hat, kannst du den Deckel öffnen. Fertig ist das Popcorn!

Dafür brauchst du:

- ★ ein Paket Maiskörner
- ★ etwas Speiseöl
- ★ etwas Salz oder Zucker

Streue etwas Zucker oder Salz über das fertige Popcorn – so wie du es am liebsten magst!

Geschenkt!

Für diesen schönen Bilderrahmen brauchst du zwei gleichgroße Blätter Tonkarton. Schneide aus einem Blatt das Innere weg, sodass ein etwa zwei bis drei Zentimeter breiter Rand übrig bleibt. Bestreiche den Rand an drei Seiten mit Klebstoff und klebe ihn auf den zweiten Tonkarton. Nun kannst du den Rahmen bemalen oder bekleben. Anschließend steckst du ein Foto durch die noch offene Seite deines Bilderrahmens.

Geschenkmäuse sehen unter dem Tannenbaum besonders lustig aus! Schneide einen Halbkreis aus Tonpapier. Rolle den Halbkreis zu einer Eistüte zusammen und klebe die Kanten fest. Klebe Wollfäden als Schnurrhaare an die Spitze der Tüte, male Augen auf und befestige Ohren aus Tonpapier an den Seiten. Klebe wie bei einer Schultüte rings um den Rand etwas Seidenpapier. Nun kannst du kleine Geschenke in die Maus füllen. Binde mit einer Schnur das Seidenpapier zusammen.

Male ein Bild auf ein rechteckiges Stück Tonkarton (DIN A4). Überziehe den Karton anschließend mit durchsichtiger Klebefolie – schon hast du ein schönes Tischset zum Verschenken.

22. Dezember

Winterlicher Lesespaß mit:
„Conni und das ganz spezielle Weihnachtsfest"
von Julia Boehme

Was bisher geschah …

Wollt ihr wissen, wie mein letztes Weihnachtsfest war?
Ich habe am Heiligabend beim Krippenspiel mitgemacht. Und hatte eine ganz besondere Rolle: Ich war der Engel!

Vom Himmel hoch

Endlich: Conni kann es kaum glauben. Es ist so weit. Heute ist tatsächlich der 24. Dezember. Der Tag, auf den sie schon so lange gewartet hat. Seit wann eigentlich? Conni überlegt. Eigentlich schon seit Ostern. Sie grinst. Allerspätestens aber seit jenem Herbsttag, als die ersten Schokoladenweihnachtsmänner im Supermarkt standen. Und jetzt steckt genau so ein Weihnachtsmann im letzten Beutelchen ihres Adventskalenders. Daran hat sich Jakob zum Glück nun doch nicht gewagt. Sie stellt ihn liebevoll auf ihren Nachttisch. Den wird sie nicht so schnell essen. Zumindest nicht, bevor nicht die Geschenke unter dem Weihnachtsbaum liegen. So lange ist Weihnachtsmann-Schonzeit.

Conni schaut aus dem Fenster: Der Himmel ist grau, die Straße ist grau, die Häuser und selbst die Gärten sind grau. Wie anders sähe es doch mit Schnee aus. Winter ohne Schnee müsste überhaupt verboten werden, denkt Conni. Und Weihnachten ohne Schnee sowieso. Aber heute könnte es ja vielleicht doch noch klappen mit weißer Weihnacht. Das Thermometer am Wohnzimmerfenster zeigt gerade mal ein Grad. Die Wolken sind grauschwarz. Wahrscheinlich warten sie nur, bis das Thermometer noch diesen einen kleinen Strich abwärtswandert, um ihre dicken Wolkenbäuche zu leeren.

Nach einem gemütlichen Frühstück gehen Onkel Albert und Jakob mit Buddel spazieren.

Mama bereitet die Pute fürs Abendessen vor und Papa und Conni schmücken den Weihnachtsbaum. Sie hören Musik im Radio. Papa singt leise mit, während er die elektrischen Kerzen verlegt. Conni hängt Kugeln und Sterne auf und die bunte Papierkette, die sie mit Jakob gebastelt hat. Sie spürt schon ein leises Weihnachtskribbeln.

Das ist mittags leider schon wieder verfogen, als Regen gegen die Fenster pladdert.

Conni seufzt. Sie hat so auf Schnee gehofft. Ein letztes Mal singt sie in ihrem Zimmer das Lied fürs Krippenspiel durch, dann ist es so weit.

„Conni, du musst los!“, ruft Mama von unten. Conni schnappt sich die Tüte mit ihrem Kostüm und läuft die Treppe hinunter.

Mama und sie sitzen schon im Wagen, als Jakob aus dem Haus gelaufen kommt.

„Ich will mit!“, erklärt er atemlos und klettert ins Auto.

„Pass auf!“, ruft Conni noch, aber zu spät: KRACK – setzt er sich auf ihre Plastiktüte.

„Da sind meine Flügel drin!“, schreit Conni. „Jetzt sind sie bestimmt kaputt!“

Sie hat recht. Beide Flügel sind gebrochen und hängen traurig hinunter, als Conni sie in der Kirche überzieht. Frau Hauser repariert sie notdürftig mit Tesafilm.

„Wenn du aufpasst, wird es schon halten“, meint sie.

Ein Engel mit geflickten Flügeln. So etwas können einem nur kleine Brüder antun!

Entschlossen rückt Conni ihren Sternenhaarreif zurecht. Egal. Das wird trotzdem ein super Auftritt. Den lässt sie sich von Jakob nicht vermasseln!

Nach und nach füllt sich die Kirche. Die Krippenspielkinder warten aufgeregt im Hinterzimmer. Dann geht es los: Maria und Josef suchen verzweifelt einen Platz zum Schlafen und finden nichts anderes als einen Stall. Und dort im Stroh bekommt Maria ihr Kind.

Eigentlich ist Weihnachten ja nichts anderes als eine Geburtstagsfeier – von einem Geburtstag, der schon mehr als 2000 Jahre her ist. Aber es ist nicht irgendein Geburtstag von irgendwem, sondern der Geburtstag von Jesus. Dem Sohn vom lieben Gott. Und deswegen kommt ein Engel auf die Erde, um den Menschen davon zu erzählen. Das ist Connis großer Auftritt …

Sie kommt hinter der selbst gemalten Kulisse hervor, ihre goldenen Flügel glänzen im Scheinwerferlicht. Unten an den Stufen drängen sich die Hirten und Schafe um sie, tuscheln, scharren mit den Füßen und – Conni traut ihren Augen nicht – bohren in der Nase. Conni versucht nicht darauf zu achten. Frau Hauser hat nämlich schon mit dem Vorspiel begonnen. Conni holt Luft und singt los:

„Vom Himmel hoch, da komm ich her, ich bring euch gute neue Mär …“

Die Kirche ist gerappelt voll. Alle schauen sie an. Alle hören ihr zu. Mama, die mit Papa, Onkel Albert und Jakob vorne in der dritten Reihe sitzt, wischt sich gerührt die Augen. Conni merkt, wie ihre Beine ganz weich und wacklig werden. Aber sie singt tapfer weiter. Glücklich hat sie die ersten beiden Strophen zu Ende gebracht, als einer der Hirten seinen Text losdröhnt: „Kommt, lasst uns zur Krippe gehen, um uns das Wunder anzusehen!“ Schon stürzen die Hirten und Schafe zur anderen Altarseite, Richtung Krippe.

„He, ich bin noch nicht fertig!“, stammelt Conni.

Ein paar Leute im Publikum lachen leise. Frau Hauser scheucht Hirten und Schafe schnell zurück und setzt sich wieder ans Keyboard, damit Conni ihre letzte Strophe auch noch singen kann. Kleines Vorspiel. Nun hätte Connis Einsatz kommen sollen. Eigentlich. Doch sie steht da, den Mund offen, ohne dass ein Ton herauskommt. Wie fängt die dritte Strophe noch mal an? Frau Hauser setzt erneut an – und dann noch einmal. Die Hirten und Schafe scharren nicht mehr mit den Füßen. Sie gucken Conni an. Alle starren sie an. Alle. Es ist ganz still in der Kirche.

Eine schreckliche Stille, die Conni keine Sekunde länger aushält. Todesmutig singt sie einfach noch einmal die zweite Strophe. Die dritte wird ihr dann schon automatisch einfallen. Denkt sie.

Aber Pustekuchen: Die zweite Strophe ist

gesungen und Conni weiß trotzdem nicht weiter. Wieder ist da diese grässliche Stille. Der Esel an der Krippe neigt mitleidig den Kopf. Und aus den Kirchenbänken zischt ihr jemand etwas zu, aber Conni kann es vorne am Altar einfach nicht verstehen. Eine Träne kullert ihr die Wange hinunter. Könnte der liebe Gott nicht ein bisschen helfen? Ganz ausnahmsweise mal? Schließlich sind sie doch in der Kirche. Doch vom Himmel hoch kommt überhaupt nichts.

„Warum singt der Engel denn nicht?", kräht ein Kind aus der zweiten Reihe.

„Los, mach schon, Conni!", posaunt es durch die ganze Kirche.

Und diese Stimme kennt Conni ganz genau: Jakob! Am liebsten hätte sie einen Hirtenstab nach ihm geschleudert!

Es quietscht schrecklich, als Frau Hauser schließlich ihren Stuhl zurückschiebt. Sie geht mitten über die Bühne und reicht Conni das Textblatt. Und in dem Moment, als Conni den Arm ausstreckt, um das Blatt entgegenzunehmen, löst sich mit leisem Plopp der Tesafilm und ihre Flügel knicken nach unten. Conni könnte losheulen.

Die nächsten Minuten möchte sie am liebsten vollständig aus ihrem Leben streichen. Mit tränenerstickter Stimme leiert sie, so schnell es geht, die letzte Strophe herunter. Dabei geht ihr nur eins durch den Kopf: Sie ist die Einzige, die vom Blatt absingen muss! Und dabei ist sie mit Abstand die Älteste. Sie wird keinem mehr in die Augen blicken können. Niemals.

Kaum ist sie fertig, ist Conni wie ein Blitz von der Bühne verschwunden. Eigentlich hätte sie sich vorne in die Kirchenbank setzen können, um den Schluss vom Krippenspiel zu sehen.

Doch Conni läuft durch die Seitentür ins Hinterzimmer, streift das Engelskostüm ab, stopft die Flügel in den Papierkorb und schließt sich auf dem Klo ein.

Und dann heult sie los. Sie heult und heult und will bis an ihr Lebensende weiterheulen. Doch plötzlich kommt keine Träne mehr. Das kann doch nicht alles gewesen sein? Conni drückt noch ein bisschen, doch es kommt nichts mehr. Mit hochgezogenen Beinen sitzt sie auf dem geschlossenen Klodeckel und hört von Weitem das Schlusslied, den Applaus und anschließend das Fußgetrappel, als alle nach der Aufführung zum Umziehen nach hinten kommen. Die Türklinke zum Klo wird ein paarmal gedrückt.

„Wer ist denn da drin?", ruft eine Frau genervt.

Aber Conni bleibt mucksmäuschenstill sitzen. Hier kriegt sie keiner weg. Zumindest nicht bis alle anderen verschwunden sind. Langsam wird es draußen ruhig.

„Conni? Bist du hier drin?“ Mama klopft an die Tür.

Eigentlich hat Conni keine Lust zu antworten, aber schließlich kann sie ja hier nicht ewig sitzen bleiben. „Sind alle weg?“

„Ja, die Letzten gehen gerade.“ Mama wartet. „Willst du nicht rauskommen?“

Langsam rutscht Conni von ihrem Platz und schließt die Tür auf.

Mama nimmt sie in den Arm. „Du musst dir die Sache nicht so zu Herzen nehmen. Du hast es doch ganz gut gemacht. Eigentlich.“

„Wenn ich mehr geübt hätte, statt auf Jakob aufzupassen ...“

„Ach was“, unterbricht Mama sie, „so etwas kann einem immer passieren.“

Conni beißt die Zähne zusammen. Klar, keiner war schuld, nur sie ganz allein. Sie hat’s vermasselt!

„Komm, jetzt feiern wir Weihnachten“, meint Mama fröhlich.

Weihnachten. Wenn Conni jetzt auf etwas keine Lust hat, dann ist es Weihnachten!

Textauszug aus dem Buch
„Conni und das ganz spezielle
Weihnachtsfest“
von Julia Boehme

23. Dezember

In letzter Minute

Nun sind es nur noch wenige Stunden bis Weihnachten. Ist dir noch jemand eingefallen, den du spontan beschenken möchtest? Oder brauchst du noch eine dringende Geschenkidee? Hier noch ein paar Tipps!

Gutscheine ...

... gehen immer. Lass dir etwas Besonderes einfallen. Einen Gutschein für eine schöne gemeinsame Unternehmung zum Beispiel, vielleicht ein Spaziergang durch Park oder Wald? Oder einen Gutschein für tatkräftige Hilfe: Gassigehen, Abwaschen, eine Runde Schnee schippen ...

Wut-Monster

Schlechte Gefühle hat jeder Mal. Doch miese Laune verschwindet meist schnell, wenn es etwas zu lachen gibt. Male lustige kleine Monster auf Zettel und stecke diese in eine Box oder einen Umschlag. Verschenke die Wut-Monster. Der Beschenkte darf jedes Mal, wenn er sich über etwas ärgert, eines deiner Monster ziehen. Anschließend fühlt er sich bestimmt gleich viel besser!

Den Weihnachtsbaum schmücken

Manche Familien schmücken gemeinsam den Tannenbaum, vielleicht mit Musik und Plätzchen. Vielleicht darf sich jeder abwechselnd etwas aus der Schmuckkiste aussuchen und an den Baum hängen. In anderen Familien dürfen die Kinder den Tannenbaum erst zur Bescherung sehen. Dann klingelt ein Glöckchen – und alle versammeln sich unter dem leuchtenden, festlich geschmückten Weihnachtsbaum. In jeder Familie gibt es andere Rituale. Wie ist es bei euch?

Warten auf Weihnachten

Es dauert noch ein bisschen, bis die Weihnachtsgäste eintreffen? Noch so viele Stunden bis zur Bescherung? Genau die richtige Gelegenheit, sich mit Spielen die Zeit zu vertreiben!

Wer bin ich?

Male ein Bild (Schneemann, Sonne o. ä.) auf einen Klebezettel, aber so, dass deine Mitspieler es nicht sehen können. Jeder klebt seinem Nachbarn nun einen bemalten Zettel an die Stirn. Jetzt muss jeder durch Fragen herausbekommen, was auf seinen Zettel gemalt ist. Aber Achtung: Die Fragen dürfen nur mit Ja oder Nein beantwortet werden.

Alle vier Kerzen brennen am Adventskranz – Weihnachten steht vor der Tür!

„Schneeball-Schlacht“

Zerknülle etwas altes Papier zu festen Kugeln. Stelle einen Papierkorb in die Mitte des Zimmers. Auf los geht’s los: Welcher Spieler zielt am besten und trifft den Korb? In jeder Runde wird es kniffliger: Werft mit geschlossenen Augen, rückwärts über die Schulter oder auf einem Bein stehend.

Ich packe meinen Koffer …

Aber einmal anders! Beginne mit dem Satz: „Zu Weihnachten verschenke ich … mein Lieblingsbuch, zwei warme Socken, Schokoladenplätzchen, einen Kuss … “ Wiederholt abwechselnd alles bereits Gesagte und fügt einen neuen Gegenstand hinzu. Wer legt die meisten Geschenke unter den Weihnachtsbaum?

24. Dezember

Winterlicher Lesespaß mit: „Conni und das ganz spezielle Weihnachtsfest"

von Julia Boehme

Was bisher geschah …

Nach dem Krippenspiel wollten wir eigentlich mit Onkel Albert zu Hause Weihnachten feiern. Aber dann ist der Haustürschlüssel abgebrochen und im Schloss stecken geblieben! Wir konnten also nicht ins Haus, sondern standen bibbernd vor der verschlossenen Tür und wussten nicht, was wir machen sollten!

Fröhliche Weihnacht überall

Ratlos stehen sie in der Kälte.

Mama schlägt die Arme um den Körper. „Wenn wir hier noch länger rumstehen, werden wir auch noch zu Eiszapfen!"

„Tja", meint Papa hilflos, „wo sollen wir denn hin? Wir können uns nicht mal ins Auto setzen."

„Zu doof, dass Oma und Opa nicht da sind", murmelt Conni. Sie vermisst Oma. Sie hätte auch ohne viele Worte genau gewusst, wie Conni sich jetzt fühlt, und sie erst einmal in die Arme genommen.

„Ja, bei Opa und Oma feiern!", ruft Jakob.

„Aber die sind doch bei Onkel Andreas", erklärt Papa.

Mama schaut sich um. Drüben bei Paul ist alles dunkel. Aber bei Frau Sandulescu brennt Licht.

„Ich klingle mal", meint sie. „Vielleicht dürfen wir uns kurz bei ihr aufwärmen."

„Und wenn sie Besuch hat?", fragt Papa.

„Fragen kann man doch." Mama hebt die Arme. „Was sollen wir sonst machen?"

Conni begleitet Mama zum Nachbarhaus.

„So eine Überraschung!" Frau Sandulescu strahlt.

„Frohe Weihnachten", sagt Mama. „Uns ist da etwas ganz Dummes passiert …"

„Der Schlüssel abgebrochen? An Weihnachten! Schrecklich!" Frau Sandulescu schlägt die Hände vor den Mund. „Aber kommen Sie doch endlich rein. Natürlich warten Sie hier bei mir, bis der Schlüsseldienst kommt."

„Und wir stören auch nicht?", fragt Mama.

„Ach wo, es ist doch nur meine Schwester da." Sie lehnt sich aus der Tür und winkt den anderen zu. „Kommen Sie doch! Ich freue mich!"

Sie stapfen in den Hausflur. Hier im Warmen merkt Conni erst, wie durchgefroren sie ist.

„Wir haben Besuch? Wie herrlich!“ Eine zweite Frau Sandulescu kommt auf sie zu.

„Darf ich vorstellen? Meine Schwester Sophia! Und das sind meine Nachbarn: Familie Klawitter.“

„Was für eine wunderbare Überraschung! Weihnachten ist erst schön, wenn man zu mehreren ist“, meint Sophia und gibt allen die Hand. „Zwei sind einfach zu wenig!“

„Sie sind unsere Rettung!“ Onkel Albert schüttelt sich. „Lieber schiffbrüchig in der Südsee als da draußen festfrieren!“

„Wir kennen uns noch gar nicht“, meint Frau Sandulescu freundlich.

„Das ist Onkel Albert“, erklärt Conni höflich.

„Den Onkel lassen Sie aber bitte weg!“, meint Onkel Albert.

Frau Sandulescu lacht. „Albert also. Ich bin Maria.“

„Onkel Albert war früher Kapitän!“, ruft Jakob fröhlich.

„Wirklich?“ Sophia strahlt. „Da haben Sie bestimmt jede Menge Abenteuer erlebt.“

„Och, na ja, so ein paar schon.“ Onkel Albert grinst.

„Dann erzählen Sie doch mal!“

Sophia hakt sich bei ihm unter und führt ihn ins Wohnzimmer.

Während Papa für den Schlüsseldienst einen Zettel an die Haustür hängt und Mama Jakob aus dem Schneeanzug pellt, ist Frau Sandulescu in der Küche verschwunden.

„Wir wollten gerade eine Kleinigkeit essen", hat sie noch erklärt.

Conni hilft den Tisch zu decken. Kaum ist sie fertig, bringt Frau Sandulescu unzählige Schüsseln herein: Da ist Kartoffelsalat, grüner Salat mit Schafskäse, Tomaten und Pinienkernen, Hühnersalat mit frischer Ananas, Gemüsesalat mit gedämpftem Brokkoli. Dazu gibt es Würstchen, Butter und frisch gebackene Brötchen.

Frau Sandulescu gießt Apfelschorle für die Kinder und Sekt für die Erwachsenen ein. Dann hebt sie ihr Glas. „Frohe Weihnachten!"

„Frohe Weihnachten!", rufen alle und stoßen an. „Wo haben Sie das nur alles so schnell hergezaubert?", staunt Mama.

„War alles schon vorbereitet. Und die Brötchen hatte ich noch im Eisfach", erklärt Frau Sandulescu.

Sophia lacht. „Maria kocht immer für eine ganze Kompanie!"

„Schließlich kann man nie wissen, wer noch zufällig vorbeikommt!", meint Frau Sandulescu augenzwinkernd. „Außerdem liebe ich es, ein bisschen in der Küche rumzuwerkeln."

Sophia rollt mit den Augen. „Du und deine Küche!"

„Du musst ja nicht kochen, wenn's dir keinen Spaß macht", meint Frau Sandulescu schnippisch. „Familie Klawitter ist bestimmt froh, dass sie keine Tütensuppe essen muss."

„Tütensuppe? Ich doch nicht!" Sophia ist empört. „Aber es gibt da ein paar sehr gute Dosen. Die schmecken wie selbst gekocht."

Frau Sandulescu verzieht das Gesicht. „Wie von dir selbst gekocht, wolltest du wohl sagen!"

„Ha, ha, ha." Sophia wischt sich den Mund an der Engelchen-Serviette ab. „Sei bloß froh", meint sie zu Conni, „dass du einen Bruder hast. Es gibt nichts Schlimmeres als eine Schwester."

Schlimmer als Jakob? Niemals! Doch Conni kommt gar nicht zu Wort.

„Und es gibt auch nichts Schöneres", ergänzt Frau Sandulescu nämlich schon und stupst ihre Schwester an. Beide kichern los.

„Stimmt, irgendwie langweilig, wenn man keinen zum Streiten hat. Die Einzelkinder können einem echt leidtun, was, Conni?"

„Mhm", brummt Conni. Sie würde so einem armen Einzelkind Jakob nur zu gerne überlassen.

„Das ist ja köstlich!" Auf einmal vermisst Onkel Albert seine Pute nicht mehr. „Würde ich noch zur See fahren, würde ich Sie sofort als Smutje anheuern."

Frau Sandulescu strahlt.

„Kann ich bitte noch mehr von dem Brokkoli haben?"

Sophia schaufelt Onkel Alberts Teller voll. „Aber selbstverständlich. Es muss alles alle werden."

Aus Gemüse macht sich Jakob nicht viel. Dafür verschlingt er ein Würstchen nach dem anderen. Selbst Conni langt ordentlich zu, obwohl sie erst gar keinen Appetit hatte. Doch kaum hat sie einen Happen probiert, kann sie nicht mehr aufhören, bis sie pappsatt ist.

„Jetzt hol ich mal den Nachtisch", verkündet Frau Sandulescu feierlich.

„Aber ich kann kein Fitzelchen mehr essen", stöhnt Conni.

„Und ob du das kannst", erwidert Frau Sandulescu.

Und sie hat natürlich recht. Denn für Vanilleeis mit heißer Schokoladensauce gibt es bekanntlich einen Extramagen.

Der guten Mär bring ich so viel

Nach dem Essen bugsiert Frau Sandulescu alle ins Wohnzimmer.

„Wir haben nur einen kleinen Baum", sagt sie. „Ich kaufe immer einen im Topf. Dann kann ich ihn später nach draußen pflanzen."

„Maria bringt es einfach nicht übers Herz, ihre Tanne wegzuwerfen." Sophia grinst. „Stell dir vor, Jakob, sie isst nicht mal Schokoladenweihnachtsmänner, weil sie ihnen nicht den Kopf abbeißen will."

„Es müssen ja nicht alle so herzlos sein wie du", brummt Frau Sandulescu.

„Herzlos? Nur weil ich Schokoladenweihnachtsmänner esse!", poltert Sophia los.

„Wo pflanzen Sie denn den Baum hin?", fragt Mama, um ein wenig abzulenken. „In den Garten?"

„Da ist kein Platz mehr." Frau Sandulescu wird ein wenig rot. „Im Frühjahr, wenn die Erde wieder weich ist, schleiche ich mich in der Dämmerung in den Stadtwald und grabe ihn da ein."

Papas Augen leuchten. „Was für eine Idee! Das sollten eigentlich alle machen."

Jakob untersucht neugierig den Christbaumschmuck. Zwischen Strohsternen und goldenen Tannenzapfen hängen echte kleine Äpfel und selbst gebackene Lebkuchenherzen.

„Kann man die essen?", fragt er.

„Ja", sagt Frau Sandulescu. „Aber vielleicht isst du lieber welche vom Weihnachtsteller. Ich habe extra ein paar mehr gemacht."

Conni darf mit einem langen Kaminstreichholz die Kerzen am Baum anzünden. Onkel Albert erzählt währenddessen von seinen Weihnachtsfeiern an Bord.

„Wir hatten es satt, Weihnachten unter Palmen zu feiern. Also hatten wir einen Christbaum dabei. Und zwar im Kühlraum, damit er nicht schon vorm 1. Advent alle Nadeln verliert. Hat auch alles prima geklappt, grün war der wie frisch aus dem Wald. Wir hatten nur ein Problem: Wir hatten ordentlich Seegang und im Christbaumständer wär uns der Baum glatt umgekippt. Da haben wir ihn einfach mit der Spitze oben an der Decke aufgehängt. Bei Windstärke 7 baumelte er fröhlich hin und her. So weit, so gut."

Onkel Albert lässt sich auf dem Sofa nieder. „Leider fegte in der Christnacht ein Taifun über uns hinweg. Und als er vorüber war, hing nur noch die ramponierte Spitze an der Decke. Der Rest war Kleinholz."

Conni zündet die letzte Kerze an. So einen Orkan hätte sie in der Kirche gut gebrauchen können ...

Sophia knipst das Deckenlicht aus. Nun leuchten die Kerzen im Dunkeln wie helle Sterne und lassen den ganzen Baum strahlen.

Für einen Moment sind alle still.

„Jetzt ist wirklich Weihnachten." Mama seufzt. Papa hat den Arm um sie gelegt. Frau Sandulescu hat die Hand ihrer Schwester genommen. Und Jakob ist auf Onkel Alberts Schoß geklettert (vielleicht um besser an die Lebkuchen ranzukommen).

Nur Conni sitzt allein. Sie seufzt auch. Für sie ist noch lange nicht Weihnachten. Die beiden Schwestern tuscheln miteinander. Dann setzt sich Sophia im Dunkeln ans Klavier und Frau Sandulescu singt dazu ein Lied. Es klingt so schön. So schön, dass Conni die Tränen kommen.

„Ein rumänisches Weihnachtslied", erklärt Frau Sandulescu danach. „Aus unserer Heimat."

„Also, diese Stimme! So was gibt's doch gar nicht", staunt Onkel Albert.

„Maria war Opernsängerin", erklärt Sophia.

„Und was für eine!", sagt Onkel Albert andächtig.

Conni nickt. „Genau so muss der echte Engel gesungen haben, damals in Bethlehem!"

„Danke!" Frau Sandulescu strahlt. „Das war das schönste Kompliment, das ich je bekommen habe!"

Sophia grinst. „Und sie hat viele bekommen, das kannst du mir glauben!"

Conni schluckt. Sie hätte auch so ein Engel sein wollen. Und stattdessen – Conni kommen schon wieder die Tränen.

Frau Sandulescu beugt sich zu ihr. „Was ist denn?"

Doch statt zu antworten, schluchzt Conni los.

„Sie war heute beim Krippenspiel der Engel", erklärt Mama stattdessen, „und hat bei der letzten Strophe den Text vergessen."

Mama flüstert, aber Conni hat es trotzdem gehört. „Ja, aber nur weil die blöden Hirten mir mitten ins Lied geplatzt sind!"

„So was kenne ich zur Genüge", sagt Frau Sandulescu ernst. „Und auf der Bühne, wo alle zugucken, ist das natürlich besonders peinlich."

Conni schaut sie überrascht an. Sie ist die Erste, die ihre Katastrophe nicht gleich abtut.

Frau Sandulescu setzt sich zu ihr. „Soll ich dir erzählen, was mir mal passiert ist?"

Conni wischt sich die Tränen ab und nickt.

„Also, ich war noch jung, ganz am Anfang meiner Karriere, und gab mein Debüt an einem großen Opernhaus. Und zwar als Königin der Nacht.

Der Regisseur wollte, dass ich während meiner Arie hoch oben in einer Gondel hin und her schwinge. Was tut man nicht alles als Sängerin? Kurz vor der Premiere bekamen wir die Kostüme. Ich erhielt ein sternenbesticktes Oberteil und dazu einen langen schmalen Rock. Der war so eng, dass ich kaum einen Schritt damit gehen konnte. In der Gondel hatte ich aber nur einen festen Stand, wenn ich mich breitbeinig hinstellte. Also schlüpfte ich heimlich aus dem Rock. Die Brüstung war schön hoch: Untenrum konnte mich also keiner sehen. Bei der Generalprobe lief alles wie am Schnürchen. Dann kam die Premiere. Mit ganz illustrem Publikum, sogar der Staatspräsident war da. Alle wollten ihre Sache so gut wie möglich machen. Auch die Bühnenarbeiter, die mich so doll hin und her schaukelten, dass ich regelrecht seekrank wurde. Irgendwie sang ich trotzdem weiter, aber eher kläglich als majestätisch.

Und dann geschah es: Durch das wilde Geschaukel riss eins der Seile. Die Gondel kippte zur Seite. Ich rutschte hinaus und konnte mich gerade noch mit den Händen festklammern. Dort hing ich dann in Todesangst. Und was fast noch schlimmer war: in Unterhosen! Heute wäre das vielleicht nichts Besonderes, aber damals war es einfach unerhört. So was von peinlich ... Es kam mir wie eine Ewigkeit vor, bis man mich endlich hinuntergelassen hatte. Wie ein Blitz war ich von der Bühne runter, schloss mich in meinen Garderobenraum ein und heulte Rotz und Wasser. Lieber wollte ich sterben als noch einmal vor das Publikum treten.

Doch da klopfte die Garderobiere an meine Tür und sagte: ‚Mein liebes Kind, wenn du jetzt nicht weitersingst, wirst du dich nie mehr auf eine Bühne trauen!' Mir war sofort klar, dass sie recht hatte. Ob ich wollte oder nicht, ich musste weitersingen. Es war der schrecklichste Opernabend meines Lebens. Aber das Publikum liebte mich. Ich bekam rasenden Beifall und hatte am nächsten Tag die besten Kritiken. Und von meinem Unfall war zum Glück keine Rede mehr."

Conni hat atemlos zugehört.

„Na, welches Lied hast du denn gesungen?"

„Vom Himmel hoch."

„Wie ist es?", fragt Frau Sandulescu freundlich. „Willst du uns dein Lied noch einmal vorsingen?"

„Nein!"

„Doch, bitte", ruft Onkel Albert, „das ist mein Lieblingslied!"

„Ja, bitte!", rufen Mama und Papa. „Wir würden es so gerne noch einmal hören."

Frau Sandulescu setzt sich ans Klavier. „Wir können es ja zusammen singen", schlägt sie vor. „Komm her zu mir."

Zaghaft steht Conni auf. Eigentlich wollte sie das Lied nie wieder singen. Andererseits kann sie jetzt zeigen, dass sie doch ein ziemlich guter Engel gewesen wäre.

„Also gut“, sagt sie.

Die ersten Takte singen Frau Sandulescu und sie einstimmig. Dann übernimmt Frau Sandulescu behutsam die zweite Stimme. Conni singt unbeirrt weiter. Durch Frau Sandulescus Begleitung kommt ihr ihre eigene Stimme auf einmal ganz anders vor. Sie klingt richtig schön. So schön, dass Conni am liebsten gar nicht mehr aufhören möchte zu singen. Aber da sind die drei Strophen schon zu Ende.

„Bravissima!“, ruft Sophia.

Mama und Papa klatschen.

„Wunderbar“, seufzt Onkel Albert.

Auch Frau Sandulescu ist begeistert. „Du hast eine wirklich schöne Stimme!“

„Und jetzt singen wir alle“, schlägt Sophia vor. Sie löst ihre Schwester am Klavier ab. „Also, Jakob, was ist denn dein liebstes Weihnachtslied?“

„O Tannenbaum!“ Jakob strahlt.

Jetzt singen alle zusammen. Selbst Onkel Albert brummt ein bisschen mit. Und als ob der Weihnachtsbaum wüsste, dass sie für ihn singen, funkelt und strahlt er. Und jetzt ist für Conni auch endlich Weihnachten.

Später kam zum Glück der Schlüsseldienst und wir konnten wieder nach Hause. Aber stell dir vor, der Schlüssel wäre nicht abgebrochen: Dann hätten wir den wundervollen Abend bei Frau Sandulescu und ihrer Schwester Sophia verpasst. Das waren wirklich unvergessliche Weihnachten!

Textauszug aus dem Buch „Conni und das ganz spezielle Weihnachtsfest“ von Julia Boehme

Hurra, es ist Weihnachten!

Schöne Bescherung!

Die Bescherung findet bei uns in Deutschland meist am 24. Dezember statt. Ebenso ist es in der Schweiz und in Österreich. In angelsächsischen Ländern dagegen, wie in Großbritannien und den USA, bekommen die Kinder am 25. Dezember Geschenke. So ist es auch in Spanien, Italien und Frankreich.

Mit Bescherung meinen wir …

a. das gegenseitige Beschenken
b. das Singen unterm Weihnachtsbaum
c. das Verschmoren des Weihnachtsessens

Es weihnachtet sehr

Wie feierst du Weihnachten? Inmitten einer großen Familie, mit Tanten, Onkeln, Cousinen? Oder nur im kleinen Familienkreis? Ob mit Freunden oder Familie, ob im großen oder kleinen Kreis: Jede Art von Weihnachten kann schön sein! Hauptsache, alle freuen sich beisammen zu sein. Die Weihnachtstage sind eine gute Gelegenheit, in Ruhe miteinander Zeit zu verbringen. Zu erzählen und zuzuhören. Und auch an die zu denken, denen es vielleicht gerade nicht so gut geht. Was gehört für dich noch zu einem schönen Weihnachten?

Die Weihnacht

Es begab sich aber zu der Zeit, dass ein Gebot von dem Kaiser Augustus ausging, dass alle Welt geschätzt würde.

Und diese Schätzung war die allererste und geschah zur Zeit, da Quirinius Statthalter in Syrien war.

Und jedermann ging, dass er sich schätzen ließe, ein jeder in seine Stadt.

Da machte sich auf auch Josef aus Galiläa, aus der Stadt Nazareth, in das jüdische Land zur Stadt Davids, die da heißt Bethlehem, weil er aus dem Hause und Geschlechte Davids war, damit er sich schätzen ließe mit Maria, seinem vertrauten Weibe; die war schwanger.

Und als sie dort waren, kam die Zeit, dass sie gebären sollte.

Und sie gebar ihren ersten Sohn und wickelte ihn in Windeln und legte ihn in eine Krippe; denn sie hatten sonst keinen Raum in der Herberge.

Und es waren Hirten in derselben Gegend auf dem Felde bei den Hirten, die hüteten des Nachts ihre Herde.

Und der Engel des Herrn trat zu ihnen und die Klarheit des Herrn leuchtete um sie; und sie fürchteten sich sehr.

Und der Engel sprach zu ihnen: Fürchtet euch nicht! Siehe, ich verkündige euch große Freude, die allem Volk widerfahren wird; denn euch ist heute der Heiland geboren, welcher ist Christus, der Herr, in der Stadt Davids.

Und das habt zum Zeichen: Ihr werdet finden das Kind in Windeln gewickelt und in einer Krippe liegen.

eschichte

Und alsbald war da bei dem Engel die Menge der himmlischen Heerscharen, die lobten Gott und sprachen:

Ehre sei Gott in der Höhe und Friede auf Erden bei den Menschen seines Wohlgefallens.

Und als die Engel von ihnen gen Himmel fuhren, sprachen die Hirten untereinander: Lasst uns nun gehen nach Bethlehem und die Geschichte sehen, die da geschehen ist, die uns der Herr kundgetan hat.

Und sie kamen eilend und fanden beide, Maria und Josef, dazu das Kind in der Krippe liegen.

Als sie es aber gesehen hatten, breiteten sie das Wort aus, das zu ihnen von diesem Kinde gesagt war.

Und alle, vor die es kam, wunderten sich über das, was ihnen die Hirten gesagt hatten.

Maria aber behielt alle diese Worte und bewegte sie in ihrem Herzen.

Und die Hirten kehrten wieder um, priesen und lobten Gott für alles, was sie gehört und gesehen hatten, wie denn zu ihnen gesagt war.

Und als acht Tage um waren und man das Kind beschneiden musste, gab man ihm den Namen Jesus, wie er genannt war von dem Engel, ehe er im Mutterleib empfangen war.

Lukas Kapitel 2, Vers 1-20

Erster Weihnachtsfeiertag

Klebe hier dein schönstes oder lustigstes Weihnachtsbild ein:

Wenn am Abend die Lichter am Baum funkeln, sieht das richtig schön aus. Auch von außen!

Wir machen einen Weihnachtsspaziergang!

Zweiter Weihnachtsfeiertag

In der Zeit von Weihnachten bis zum 6. Januar ziehen Kinder von Tür zu Tür. Sie nennen sich Sternsinger. Sie singen und sammeln damit Geld für gute Zwecke. Mit diesem Brauch wird an die Heiligen Drei Könige aus der Weihnachtsgeschichte erinnert. Deswegen sind die Sternsinger auch als Könige verkleidet.

Wie werden die Heiligen Drei Könige auch genannt?

a. die Gelehrten von den Osterinseln
b. die Weisen aus dem Morgenland
c. die Klugen aus dem Abendland

Die Heil'gen Drei Könige

Die Heil'gen Drei Könige aus Morgenland,
sie frugen in jedem Städtchen:
„Wo geht der Weg nach Bethlehem,
ihr lieben Buben und Mädchen?"
Die Jungen und Alten, sie wussten es nicht,
die Könige zogen weiter,
sie folgten einem goldenen Stern,
der leuchtete lieblich und heiter.
Der Stern blieb stehn über Josefs Haus,
da sind sie hineingegangen;
das Öchslein brüllt', das Kindlein schrie,
die Heil'gen Drei Könige sangen.

Heinrich Heine

An jede Tür, die sie besuchen, schreiben die Sternsinger mit Kreide die Jahreszahl sowie die Buchstaben C + M + B. Das sind aber nicht nur die Anfangsbuchstaben der Königsnamen, sondern ist außerdem auch die Abkürzung für den lateinischen Segensspruch „Christus Mansionem Benedicat". Und das bedeutet: „Christus segne dieses Haus."

Connis liebste Weihnachtslieder

Lasst uns froh und munter sein

Lasst uns froh und munter sein
und uns recht von Herzen freu'n
Lustig, lustig, traleralala,
bald ist Nikolausabend da,
bald ist Nikolausabend da!

Dann stell ich den Teller auf,
Nik'laus legt gewiss was drauf.
Lustig, lustig, traleralala,
bald ist Nikolausabend da,
bald ist Nikolausabend da!

Wenn ich schlaf, dann träume ich:
Jetzt bringt Nik'laus was für mich.
Lustig, lustig, traleralala,
bald ist Nikolausabend da,
bald ist Nikolausabend da!

Wenn ich aufgestanden bin,
lauf ich schnell zum Teller hin.
Lustig, lustig, traleralala,
bald ist Nikolausabend da,
bald ist Nikolausabend da!

Josef Annegarn

Fröhliche Weihnacht überall

„Fröhliche Weihnacht überall!“,
tönet durch die Lüfte froher Schall.
Weihnachtston, Weihnachtsbaum,
Weihnachtsduft in jedem Raum!
„Fröhliche Weihnacht überall!“,
tönet durch die Lüfte froher Schall.

überliefert

We wish you a Merry Christmas

We wish you a Merry Christmas,
We wish you a Merry Christmas,
We wish you a Merry Christmas,
And a Happy New Year!

Good tidings we bring
To you and your kin;
Good tidings for Christmas
And a Happy New Year!

Weihnachtslied aus England

Stille Nacht

Stille Nacht! Heilige Nacht!
Alles schläft, einsam wacht
Nur das traute, hochheilige Paar.
Holder Knabe im lockigen Haar,
Schlaf in himmlischer Ruh,
Schlaf in himmlischer Ruh.

Text: Joseph Mohr,
Musik: Franz Gruber

Ihr Kinderlein, kommet

Ihr Kinderlein, kommet, o kommet doch all'!
Zur Krippe her kommet in Betlehems Stall
und seht, was in dieser hochheiligen Nacht
der Vater im Himmel für Freude uns macht.

O seht in der Krippe, im nächtlichen Stall,
seht hier bei des Lichtleins hell glänzendem Strahl,
den lieblichen Knaben, das himmlische Kind,
viel schöner und holder, als Engelein sind.

Da liegt es – das Kindlein – auf Heu und auf Stroh;
Maria und Josef betrachten es froh;
die redlichen Hirten knien betend davor,
hoch oben schwebt jubelnd der Engelein Chor.

Text: Christoph von Schmid,
Musik: Johann A. P. Schulz

O Tannenbaum

O Tannenbaum, o Tannenbaum,
wie grün sind deine Blätter.
Du grünst nicht nur zur Sommerzeit,
nein, auch im Winter, wenn es schneit:
O Tannenbaum, o Tannenbaum,
wie grün sind deine Blätter!

O Tannenbaum, o Tannenbaum,
du kannst mir sehr gefallen!
Wie oft hat schon zur Weihnachtszeit
ein Baum von dir mich hoch erfreut!
O Tannenbaum …

O Tannenbaum, o Tannenbaum,
dein Kleid will mich was lehren:
Die Hoffnung und Beständigkeit
gibt Trost und Kraft zu jeder Zeit!
O Tannenbaum …

Text: Ernst Anschütz,
Melodie volkstümlich

Das Kater-Mau-Mau-Kartenspiel

Spielanleitung
Du kannst das Spiel zu zweit oder mit mehreren spielen.

Und so geht's:
Alle erhalten zu Beginn sieben Karten. Die restlichen Karten werden als Stapel mit der Rückseite nach oben in die Mitte gelegt. Dann wird die erste Karte des Stapels aufgedeckt.
Jetzt legt ihr im Uhrzeigersinn reihum jeweils eine Karte ab. Die muss entweder die gleiche Farbe oder die gleiche Zahl wie die Karte in der Mitte haben. Hast du keine passende Karte auf der Hand, musst du eine neue Karte vom Stapel ziehen. Dann ist der oder die Nächste an der Reihe. Gewonnen hat, wer als Erstes seine letzte Karte abgelegt hat.
Aber Achtung! Beim Ablegen der vorletzten Karte muss laut und deutlich „Kater-Mau-Mau" gerufen werden. Wer das vergisst, muss zwei Strafkarten vom Stapel ziehen und ist erst in der nächsten Runde wieder dran.

Aktionskarten

Aktionskarte „+ 2" und „+ 4"
Wie gemein! Spielst du eine dieser Karten aus, heißt das: Wer nach dir an der Reihe ist, muss zwei bzw. vier Karten ziehen und darf in dieser Runde keine Karte ablegen.

Aktionskarte „Richtungswechsel“

Hoppla! Wenn du diese Karte einsetzt, ändert sich die Spielrichtung. Statt im Uhrzeigersinn wird jetzt gegen den Uhrzeigersinn gespielt. Und zwar so lange, bis wieder jemand eine Aktionskarte mit „Richtungswechsel“ legt.

Aktionskarte „Aussetzen“

Halt! Legst du diese Karte, bedeutet das: Wer nach dir an der Reihe ist, muss eine Runde aussetzen. Der oder die darf dann keine Karte ausspielen, sondern wird übersprungen und ist erst in der nächsten Runde wieder an der Reihe.

Aktionskarte „Joker“

Juchhu! Mit dieser Karte hast du die freie Wahl. Wenn du keine passende Karte für den Stapel auf der Hand hast, kannst du diese Aktionskarte einsetzen und dir eine Farbe aussuchen. Die gilt dann für den Spieler, der nach dir an der Reihe ist.

Lösungen

Seite 12: Das „Meerwasser" gefriert wegen seines hohen Salzanteils weniger schnell als das Süßwasser.

Seite 17: b)

Seite 41: c)

Seite 53: a)

Seite 56: b)

Seite 70: Bei Nacht, weil man dann bis zu den Sternen sieht ...

Seite 78: b)

Seite 100: 1a, 2c, 3b, 4c, 5a, 6b

Seite 126: a)

Seite 136: b)

Bildnachweise